TEXTES LITTERAIRES

Collection dirigée par Keith Cameron

LXXVII

ALEXANDRE LE GRAND

ALEXANDRE.

Jean RACINE

ALEXANDRE LE GRAND

Edition critique
par
Michael Hawcroft et Valerie Worth

University of Exeter
1990

REMERCIEMENTS

Nous tenons à remercier notre ami et collègue, David Maskell, qui nous a apporté un soutien précieux tout au long de nos recherches sur l'*Alexandre le Grand* de Racine. Nos remerciements vont aussi à Marie-Claude Canova-Green et à Patricia Pérard qui, avec David Maskell, ont lu notre Introduction. Le Gerrans Memorial Fund de l'Université d'Oxford, ainsi que Trinity College, Oxford ont donné à Valerie Worth une bourse pour permettre la consultation de certains exemplaires du théâtre de Racine conservés dans des bibliothèques françaises.

Nous remercions également les conservateurs de toutes les bibliothèques où nous avons mené nos recherches, et plus particulièrement ceux de la Bibliothèque Nationale, de la British Library, de la Taylor Institution Library, Oxford, et de Worcester College Library, Oxford. La reproduction qui figure au frontispice de ce volume est tirée de la gravure qui accompagne le texte d'*Alexandre* dans l'édition des *Oeuvres* de Racine de 1687, conservée à la Taylor Institution Library. La gravure est reproduite ici avec l'aimable permission du bibliothécaire.

Michael Hawcroft (Keble College, Oxford)
Valerie Worth (King's College, London)

First published in 1990 by
University of Exeter Press
Reed Hall
Streatham Drive
Exeter EX4 4QR
UK

©M. Hawcroft and V. Worth 1990

ISSN 0309 - 6998
ISBN 0 85989 350 2

November 1990

Typeset by Penelope Amraoui

Printed in the UK by BPCC Wheatons Ltd, Exeter

INTRODUCTION

'On s'étonne que Racine, poète d'un goût si sûr par ailleurs, ait pu écrire un *Alexandre*'(1). Cette pièce est une 'ennuyeuse cérémonie'(2) qui, selon un critique anglo-saxon, serait pour le lecteur moderne la moins intéressante de toutes les pièces de Racine; on serait tenté, pense-t-il, de partager l'opinion de Pierre Corneille, qui après avoir écouté la lecture d'*Alexandre* aurait dit à Racine que ses talents n'étaient pas pour le genre dramatique(3). Assurément, la critique moderne n'aime pas cette tragédie. Si on ne la décrie pas, on n'en dit rien du tout. A notre connaissance, il n'existe à ce jour, depuis le dix-septième siècle, aucune édition séparée d'*Alexandre*, à part une édition scolaire publiée en Allemagne en 1877(4).

Et pourtant on a commencé tout récemment à relire ce texte plus attentivement. Certains critiques se sont rappelé l'enthousiasme du public du dix-septième siècle et l'opinion extrêmement favorable de Mme de Sévigné pour qui *Alexandre* allait de pair avec *Andromaque* et surpassait les tragédies qui suivirent, c'est-à-dire *Britannicus*, *Bérénice*, et *Bajazet*(5). Et bien qu'*Alexandre* n'ait bénéficié que de quatre représentations à la Comédie-Française depuis 1700, dont aucune au vingtième siècle(6), la pièce a été jouée en 1987 par le Théâtre de la Tempête à la Cartoucherie de Vincennes avec un succès - avouons-le - surprenant. 'Jamais joué, *Alexandre le Grand* est une oeuvre palpitante et de toute beauté' affirme un des journalistes qui a assisté à la représentation et s'estime content d'avoir pu découvrir un Racine 'inédit'(7).

Si la critique commence à s'intéresser davantage à *Alexandre*, a-t-on vraiment besoin d'en présenter une nouvelle édition? Nous pensons que oui. D'abord pour son intérêt bibliographique. Racine se lit, et se joue, toujours d'après le texte publié en 1697, deux ans avant la mort du dramaturge. Deux exceptions seulement: on a récemment fait paraître le texte original de *La Thébaïde* et celui d'*Andromaque*(8). Quand on parle du succès foudroyant qu'a connu, au dix-septième siècle, *Andromaque*, et au même titre *Alexandre*, ce n'est pas du texte de 1697 qu'il s'agit, mais du texte de l'édition originale.

---

(1) J. Moravcevich, 'Monologue et action dans les trois premières tragédies de Racine', 1970, p. 177. Rappelons-nous que le titre de la pièce est bien *Alexandre le Grand*. Pourtant par souci de brièveté nous utilisons le titre de convention, *Alexandre*. Nous donnons, dans les notes, de brèves références bibliographiques (plus de détails lors de la première mention d'un livre ou d'un article que lors des mentions suivantes); le lecteur qui cherche tous les renseignements bibliographiques est prié de se reporter à la bibliographie générale.

(2) J. Racine, *Oeuvres complètes*, éd. R. Picard, I, pp. 173-74.

(3) P.J. Yarrow, *Racine*, 1978, p. 31. Pour l'anecdote voir L. Racine, *Oeuvres*, 1808, V, p. 320.

(4) *Alexander der Grosse von Racine*, éd. J. Adelmann et G. Zeiss.

(5) Voir, par exemple, M.-F. Bruneau, *Racine: le jansénisme et la modernité*, 1986, pp. 78-79. Pour la remarque faite par Mme de Sévigné en 1672 voir sa *Correspondance*, éd. R. Duchêne, I, p. 459. Comme l'épistolière, La Bruyère ne semble faire aucune distinction entre *Alexandre* et les autres pièces de Racine: voir *Les Caractères*, éd. R. Garapon, p. 88 (I, 54). Notons aussi que l'intérêt de la pièce est souligné par le curieux fait que deux jours seulement après sa parution en 1666 un exemplaire est envoyé à Rome par le secrétaire d'Etat aux Affaires étrangères: voir R. Picard, *La Carrière de Jean Racine*, 1956, p. 114.

(6) Du moins jusqu'en 1964. Voir S. Chevalley, 'Racine à la Comédie-Française', 1964, pp. 60-61.

(7) G. Dumur, 'Conquérants et pantins' [critique de trois pièces] dans *Le Nouvel Observateur*, du 10 au 16 avril 1987, p. 55.

(8) *La Thébaïde*, éd. M. Edwards; *Andromaque*, éd. R.C. Knight et H.T. Barnwell.

En fait Racine a considérablement remanié le texte de ses trois premières pièces. Il faut donc que les critiques disposent aussi du texte original. C'est ainsi que, pour la première fois depuis sa parution en 1666, nous présentons ici le texte original d'*Alexandre*, celui qui a contribué d'une manière si significative à l'avancement de la carrière du jeune dramaturge débutant. Nos travaux de collationnement nous ont conduits à présenter un texte plus sûr et des variantes plus complètes que ceux que proposent les grandes éditions des oeuvres parues aux dix-neuvième et vingtième siècles(9). Les mêmes travaux nous ont fait explorer l'histoire bibliographique des éditions du théâtre de Racine au dix-septième siècle et nous avons pu apporter aux conclusions de nos prédécesseurs quelques modifications(10).

Cet ouvrage se veut donc un travail de critique textuelle et bibliographique. C'est aussi un travail de critique littéraire. Il est impossible bien sûr, dans cette introduction, d'aborder *Alexandre* sous tous les angles critiques qu'on a proposés pour les pièces mieux connues - angles psychocritique, biographique, stylistique, métaphysique. Nous avons choisi pour notre part de concevoir *Alexandre* surtout comme pièce de théâtre. On parle peu souvent de la théâtralité de Racine. Quand on le fait, on laisse de côté *Alexandre*(11). Nous ne ferons pas ici l'apologie d'*Alexandre*. Nous dirons seulement que de plusieurs points de vue cette pièce, si souvent négligée, offre des richesses qu'on est loin d'avoir épuisées(12).

LES PREMIERES REPRESENTATIONS D'*ALEXANDRE*

'La nouvelle tragédie de Racine est le grand événement de la saison théâtrale': ce jugement de Picard(13) est appuyé par tous les documents de décembre 1665 où il est question d'*Alexandre*. La pièce est créée au Palais-Royal (c'est-à-dire par la troupe de Molière) le 4 décembre 1665, mais le 18 du même mois sa représentation sur la scène de la troupe rivale, la Troupe Royale de l'Hôtel de Bourgogne,- sans que la première troupe ait été consultée - suffit à défrayer la chronique(14). En dépouillant les *Gazettes* contemporaines, nous pouvons recueillir des jugements sur trois représentations d'*Alexandre*: la première au Palais-Royal, la deuxième à un souper privé chez la comtesse d'Armagnac, et la troisième à l'Hôtel de Bourgogne.

Le *Registre de La Grange* nous apprend que la troupe de Molière monte *Alexandre* cinq fois avant qu'il ne passe à la troupe rivale: le vendredi 4, le dimanche 6, le vendredi 11, le dimanche 13, et le mardi 15 décembre(15). Les recettes sont bonnes pour les quatre

(9) A propos de l'établissement du texte et des variantes de la présente édition voir ci-dessous, pp. xxxvii-xliv.
(10) Voir ci-dessous, pp. xxxviii-xxxix, et V. Worth, 'The Shape of Things to Come', 1990.
(11) Par exemple, H.T. Barnwell fait une étude détaillée de l'intrigue chez Corneille et chez Racine et de son impact sur le spectateur, mais rares sont les exemples qui proviennent d'*Alexandre*: *The Tragic Drama of Corneille and Racine*, 1982.
(12) Cette édition est le fruit d'une collaboration entre deux auteurs. Cependant Valerie Worth s'est occupée principalement du travail bibliographique, de l'étude des sources et de la réception de la pièce lors de sa création, aussi bien que de la rédaction des notes et de la préparation du glossaire; Michael Hawcroft a eu plus particulièrement la charge de l'établissement du texte et des variantes, et de l'étude des personnages et des aspects politiques et théâtraux de la pièce.
(13) *La Carrière de Jean Racine*, 1956, p. 114.
(14) Voir *Oeuvres de Jean Racine*, éd. P. Mesnard, vol. I, pp. 498-507; et R. Picard, *La Carrière de Jean Racine*, pp. 108-12.
(15) *Registre de La Grange (1658-1685)*, éd. J. Claye, p. 78.

premières représentations, mais le 15 décembre on constate une chute notable(16). Faudrait-il voir là le signe avant-coureur du coup qui se fera trois jours plus tard? Le Palais-Royal offre encore quatre représentations de la pièce, rivalisant avec l'Hôtel de Bourgogne, mais elles ne rapportent pas gros(17). Le dépit de la troupe de Molière se lit dans le *Registre de la Grange*, le 18 décembre:

> Ce mesme jour, la Troupe fust surprise que la mesme piece d'*Alexandre* fust jouée sur le Theatre de l'Hostel de Bourgogne. Comme la chose s'estoit faite de complot avec Mr Racine, la Trouppe ne crust pas devoir les parts d'autheur audit Mr Racine qui en usoit si mal que d'avoir donné et faict aprendre la piece aux autres Comediens.

La brouille entre Racine et Molière a été parfois attribuée au fait que la troupe du Palais-Royal, troupe comique par excellence, n'aurait pas été douée pour la tragédie(18). Il convient cependant de souligner qu'aucun commentaire désapprobateur ne paraît dans les *Gazettes*. Au contraire, comme c'était alors presque toujours le cas dans ce genre de revue, les auteurs proposent des comptes-rendus élogieux. *La Muse de la Cour* du 7 décembre(19) parle ainsi de la première, où l'on comptait parmi le public Monsieur et Madame, le grand Condé et son fils, et la Princesse Palatine:

> Tous les Acteurs faisoient un jeu
> Que toute la Cour idolatre;
> Jamais Tragedie au Theatre
> Ne pourra faire un plus beau feu.
> (*Les Continuateurs de Loret*, 474)

Chose intéressante, dès cette première représentation, c'est surtout Porus qui retient l'attention:

> Et surtout l'on fut surpris
> De voir le Roy Porus, à qui tout autre cede,
> Y pousser la fierté de l'air d'un Nicomede.
> (*Les Continuateurs de Loret*, 477)

En revanche, Robinet, dans sa *Lettre en Vers* du 27 décembre, est plutôt ébloui par les actrices et leurs costumes somptueux. Il se pâme d'admiration devant Mlle Molière (Cléophile):

> O justes Dieux, qu'elle a d'appas!

---

(16) 1294 livres le 4 décembre, 1262 le 6, 943 le 11, 1165 le 13, 460 le 15.

(17) 378 livres le 18 décembre, 597 le 20, 116 le 22, et 277 le 27.

(18) 'On dit qu'(*Alexandre*) tomba d'abord, et que l'auteur attribuant cette chute au mauvais jeu d'une troupe qui n'étoit accoutumée qu'au comique la donna à celle de l'hôtel de Bourgogne...', Louis Racine, *Examen d'Alexandre, Oeuvres de Louis Racine*, éd. 1808, tome V, p. 327. Voir aussi la discussion de J. Pommier, 'Le Tricentenaire d'*Alexandre le Grand* de Racine', 1965.

(19) Nous citons les gazettes selon l'édition de Rothschild, *Les Continuateurs de Loret*. Pour chaque citation nous renvoyons le lecteur à la colonne du premier tome de cette édition.

> Et qui pourroit ne l'aimer pas?
> Sans rien toucher de sa coiffure
> Et de sa belle Chevelure,
> Sans rien toucher de ses habits,
> Semez de perles, de rubis
> Et de toute la Pierrerie
> Dont l'Inde brillante est fleurie,
> Rien n'est si beau, ni si mignon.
> (*Les Continuateurs de Loret*, 538)

et trouve Mlle du Parc à la hauteur du rôle d'Axiane:

> Ainsi que la grande AXIANE
> Brillante comme une Diane,
> Tant par ses riches vestemens
> Que par tous ses Attrais charmans.
> (*Les Continuateurs de Loret*, 538)

Les commentaires sur les acteurs sont brefs, mais deux vers sur l'interprétation du rôle d'Alexandre (par La Grange) nous paraissent significatifs:

> D'ailleurs, il me parut plus tendre,
> Que ne fut l'ancien Alexandre.
> (*Les Continuateurs de Loret*, 537)

C'est précisément cette critique que Racine cherche à réfuter dans sa première préface. Pour le reste, Robinet nous apprend la distribution des autres rôles: Porus - La Thorillière, Taxile - Hubert, Ephestion - Du Croisy. Il confirme aussi le décor:

> J'y découvris en perspective
> Agréable et récréative,
> Les Pavillons et Campemens.
> (*Les Continuateurs de Loret*, 537)

La première représentation d'*Alexandre* par la troupe rivale, la Troupe Royale, se passe dans le cadre d'un souper organisé par la Comtesse d'Armagnac, le 14 décembre, et les premières personnes de la cour y assistent(20):

> Le mesme jour, la Comtesse d'Armagnac traita le Roy à souper, avec toute la magnificence possible: ce superbe festin, ou estoyent aussi, Monsieur et Madame, ayant esté précédé de la Représentation du Grand Alexandre par la Troupe Royale, et suivi d'un Bal, où grand nombre de Dames se trouvérent toutes brillantes de Pierreries(21).

---

(20) Nous suivons les arguments probants de J. Pommier pour affirmer qu'il s'agissait de la pièce de Racine, et non pas de la tragédie de Boyer sur le même thème: 'Autour de l'*Alexandre* de Racine', 1969. Pommier rejette définitivement les hypothèses proposées dans le sens contraire par E. Gros dans son article 'La Question d'*Alexandre*', 1931-2.

(21) *Gazette de France*, le 19 décembre 1665.

Bien qu'une telle représentation privée ne pût nuire directement au Palais-Royal, Picard y voit une preuve que Racine traitait avec l'Hôtel même avant la création de sa pièce au Palais-Royal, car les acteurs de l'Hôtel auraient mis tout au moins huit jours à apprendre leurs rôles(22). Le roi a sans doute apprécié une pièce où il se voyait représenté en filigrane, comme le note La Gravette de Mayolas(23). D'autre part, l'interprétation de Porus par Floridor est louée par Subligny:

> On y vit le GRAND ALEXANDRE
> Representé par FLORIDOR,
> Et nommer cét Acteur qui vaut son pesant d'or,
> C'est dire encore assez qu'on se pleût à l'entendre(24).

Robinet assiste à une représentation de la pièce par la même troupe, cette fois-ci à l'Hôtel de Bourgogne, et rédige, lui aussi, un compte-rendu élogieux. Il souligne l'éclat des costumes des actrices, le talent de Floridor, ainsi que celui de Montfleury:

> A l'HOTEL j'ay vu l'ALEXANDRE;
> Bon compte je vous en vais rendre.
> FLORIDOR, cet Acteur charmant,
> Le représente dignement,
> Et DENNEBAUT, sa CLEOFILE,
> De mille jeunes Charmes brille.
> MONTFLEURY fait si bien PORHUS
> Qu'il semble qu'il soit encore plus,
> Et l'AXIANE sa Maitresse,
> S'y rend admirable sans cesse
> En l'excellente des AEILLETS,
> Dont l'habit fut fait à grands frais.
> Bref, EPHESTION et TAXILE
> S'expriment en assez bon stile
> Par HAUTE-ROCHE et par BRECOURT;
> Et tous ces Acteurs, coupant court,
> Font tout ce qu'on en peut attendre,
> Pour bien retracer *Alexandre*(25).

On admettrait volontiers que Robinet se montre toujours un critique chaleureux, peu disposé à reprendre les fautes des acteurs, mais lorsqu'il dit que Haute-Roche (Ephestion) et Brécourt (Taxile) 'S'expriment en assez bon stile' est-ce un simple compliment fait au passage, ou viserait-t-il discrètement à relever la différence entre l'interprétation de l'Hôtel et celle du Palais-Royal? Quoi qu'il en soit, nous ne disposons d'aucun autre compte-rendu du mois de janvier pour approfondir cette comparaison, car la mort de la Reine-Mère a obligé toutes les troupes parisiennes à faire relâche.

---

(22) *La Carrière de Jean Racine*, p. 111.
(23) Voir l'Introduction, p. xxii.
(24) *La Muse de la Cour*, le 20 décembre 1665 (*Les Continuateurs de Loret*, 519).
(25) *Lettre en Vers*, le 3 janvier 1666 (*Les Continateurs de Loret*, 573-4).

LES SOURCES ANCIENNES

'Il n'y a guere de Tragedie, où l'Histoire soit plus fidellement suivie que dans celle-cy.'
Ainsi commence la seconde préface d'*Alexandre*, celle qui apparaît dans les éditions à
partir de 1675-6. Et pourtant, Saint-Evremond n'était pas convaincu du fait, affirmant ne
reconnaître ni l'Alexandre ni le Porus que dépeignent les sources anciennes(26). En
s'attachant à l'un des épisodes les plus connus de la carrière d'Alexandre, Racine savait-il
quel défi il avait relevé? Le sujet de sa deuxième pièce - à la différence de celui de *La
Thébaïde* - n'avait fait l'objet d'aucune tragédie ancienne qui nous soit parvenue. Racine
devait donc puiser la matière de sa pièce directement chez les historiens grecs et latins,
c'est-à-dire, principalement Quinte-Curce, mais aussi Justin, Plutarque, Arrien et Diodore
de Sicile. Certes, d'autres dramaturges des seizième et dix-septième siècles s'étaient
inspirés de la carrière d'Alexandre, et la thématique des victoires d'Alexandre était bien
représentée parmi les artistes des années 1660(27). Cependant, Racine prétend suivre ses
sources avec une exactitude exemplaire. C'est à la fois vrai et faux. Vrai, dans la mesure
où dans certaines scènes Racine se fait fort de nous rappeler des morceaux de bravoure
qui relèvent directement de Quinte-Curce; mais faux, puisqu'il ne se permet pas moins de
changer quelques données importantes, voire d'introduire des personnages et des faits
purement fictifs. Au reste, puisque les sources anciennes sont loin de s'accorder sur tous
les détails, Racine n'hésite pas à tirer profit de leurs contradictions. Or, l'édition de
Mesnard a déjà relevé la plupart des emprunts importants que Racine devait à Quinte-
Curce, mais il nous reste à sonder les textes des autres historiens que Racine a pu
consulter, et - surtout - à faire ressortir la manière dont Racine les lit, en tant qu'homme
de théâtre.

La seconde préface d'*Alexandre* résume les traits principaux de l'intrigue que
Racine doit au VIIIe Livre de Quinte-Curce, à savoir les accueils différents que Taxile et
Porus réservent à Alexandre(28), l'inimitié qui existait déjà entre les deux rois
indiens(29), et la générosité d'Alexandre à l'égard de Porus, une fois celui-ci vaincu(30).
Nous y retrouvons le noeud des Actes I, II et V de la pièce de Racine, à une différence
près. Chez Quinte-Curce Taxile et Porus ne se rencontrent jamais, alors que Racine fait
de leur confrontation trois scènes capitales: l'amorce du débat en tête-à-tête (I.2), et les
prises de position en présence d'Ephestion (II.2), confirmées dans la scène qui précède
l'arrivée d'Axiane (II.3). Même Louis Racine, critique sévère des premières pièces de
son père, loue la deuxième de ces scènes(31). Sans démentir l'essentiel du récit de
Quinte-Curce, Racine fait du bon théâtre, qui ne manque pas de vraisemblance sur le plan
historique.

N'est-ce pas la même tendance à élaborer une situation complexe à partir d'un
simple trait identifié dans ses sources qui explique le rôle de Cléophile, tel que le crée

---

(26) 'A parler sérieusement, je ne connois icy d'Alexandre que le seul nom...' (*Dissertation sur le Grand
     Alexandre, Oeuvres en prose*, éd. R. Ternois, II, p. 87). 'Porus cependant, que Quinte-Curce dépeint
     tout étranger aux Grecs et aux Perses, est ici purement François...' (*ibid.*, p. 88). *La Dissertation sur
     le Grand Alexandre* parut en 1668.
(27) Voir l'Introduction, pp. xix-xvii.
(28) Quinte-Curce, 8.12.4-11 et 8.13.2.
(29) *ibid.* 8.12.12-13.
(30) *ibid.* 8.14.44-5.
(31) Voir la note au vers 453.

Racine? Chez Quinte-Curce et Justin, la rencontre entre Alexandre et la reine Cléophis est antérieure aux événements qui concernent Taxile et Porus (Justin, d'ailleurs, ne parle que de Porus), et il n'existe aucun lien entre ces épisodes. Les deux historiens s'accordent sur le fait qu'Alexandre, ayant conquis le royaume de la reine, le lui restitue. Quinte-Curce n'ose même garantir qu'il y ait eu une liaison entre eux - pour lui, il s'agit d'une rumeur(32) - alors que selon Justin il ne fait aucun doute que Cléophis est la maîtresse d'Alexandre, dont elle a un fils(33). Racine préfère évidemment la version de Justin, qu'il cite dans la seconde préface, même si - les bienséances l'y obligent - il omet la phrase qui insiste trop crûment sur la nature des rapports amoureux(34). Pourtant aucun des deux historiens ne suggère qu'Alexandre continue à s'intéresser à Cléophis par la suite, et nulle part les sources anciennes ne font de Cléophis la soeur de Taxile - chose que Racine passe presque sous silence(35). Nous comprenons aisément qu'en 1665 Racine ait voulu donner à sa pièce un intérêt galant, à savoir l'amour d'Alexandre et de Cléophile, même si les scènes où Alexandre soupire devant sa maîtresse (III.6 et V.1) ont provoqué la censure d'un critique contemporain tel que Saint-Evremond. Mais pourquoi établir un lien de parenté entre Cléophile et Taxile? Sans doute Racine se souvenait-il des échanges entre frères et soeurs dans *La Thébaïde*. Mais Cléophile ne connaît guère la tendresse d'une Antigone: au contraire, elle exerce toute son influence sur Taxile sans aménité, afin qu'il cultive l'alliance d'Alexandre. Taxile est ainsi tiraillé entre deux forces: d'une part, sa soeur, d'autre part Axiane et Porus(36). C'est une invention qui permet à Racine plusieurs scènes intéressantes entre frère et soeur - bien sûr fictives - dont celle qui ouvre la pièce.

Telles sont les grandes lignes que Racine doit à l'histoire de Quinte-Curce. Avant d'aborder l'étude de ses autres sources, il convient de préciser la nature des emprunts directs qu'il doit à celui-ci. N'oublions pas que selon les critères du dix-septième siècle l'imitation réussie d'un auteur ancien est hautement prisée. La *Dissertation* de Saint-Evremond sur *Alexandre* témoigne de l'estime dont Quinte-Curce jouissait à cette époque, car Saint-Evremond le cite pour accuser Racine de l'avoir trahi. Cependant, à mettre en regard le texte d'*Alexandre* et le VIIIe Livre de Quinte-Curce, on se sent obligé de nuancer ce jugement. La critique de Saint-Evremond porte sur la représentation globale des caractères de Porus et d'Alexandre. Mais lorsqu'on en vient aux détails évoqués dans les vers de Racine, on retrouve bien des échos du prosateur latin (que nous signalons dans les notes de ce volume). Par exemple, Porus déclare à Ephestion que ses peuples

> ... refusent l'encens qu'on leur veut arracher. (v. 492)

---

(32) Quinte-Curce 8.10.35-6.

(33) Justin 12.7.9-10.

(34) Racine omet les deux premiers mots de la phrase 'concubitu redemptum regnum ab Alexandro recepit' (Justin 12.7.9).

(35) Une seule phrase apparaissant dans la première version de la préface de 1675-6 indique cette modification par rapport aux sources historiques: 'Et quand Cleofile auroit esté Soeur de Taxile comme elle l'est dans ma Tragedie...'.

(36) Barnwell saisit toute l'importance de ce rôle malheureux de Taxile dans son article, 'From *La Thébaide* to *Alexandre*', 1951, p. 33.

Ne reconnaît-on pas là une description chez Quinte-Curse de l'encens qui parfume le chemin des rois indiens(37)? Ou bien quand Alexandre comble Taxile de "trois Diadémes" (v. 870), Racine ne fait que renchérir sur la générosité du conquérant dans un épisode semblable chez Quinte-Curse(38).

Pourtant, les imitations les plus soutenues du texte de l'historien latin ne proviennent pas du VIIIe livre, mais de quelques épisodes célèbres des VIIe et IXe livres(39). C'est dans les arguments que les Scythes, chez Quinte-Curce, opposent à Alexandre(40) que Racine puise la matière des réponses que Taxile et Porus proposent lors de l'ambassade d'Ephestion (II.2). Saint-Evremond confirme le prestige de ce passage du texte latin:

> Si Quinte-Curse s'est fait admirer dans la harangue des Scythes par des
> pensées et des expressions naturelles à leur nation ...(41)

Or, les Scythes élaborent deux raisonnements, différents mais complémentaires: ils n'ont pas cherché à attaquer Alexandre, mais sauront bien se défendre; leur amitié serait plus utile à Alexandre que leur inimitié. Que fait Racine de ces données? Il répartit les deux arguments entre Porus et Taxile - pour les opposer. Le théâtre se nourrit de conflits: si Taxile propose l'amitié à l'ambassadeur d'Alexandre, Porus riposte en proférant avec orgueil des reproches et des menaces. Les deux rois indiens suivent chacun de près une partie du discours des Scythes, mais dans des buts diamétralement opposés. Quant au IXe Livre de Quinte-Curce, un autre discours célèbre s'y trouve: Coenus, un des généraux d'Alexandre, essaie de lui représenter les dangers et l'inutilité de poursuivre sa conquête de l'Inde. De cela, Racine tire le discours pathétique de Cléophile, qui cherche à retenir Alexandre (V.1). Les échos textuels ne sont pas moins évidents que ceux de la scène des deux rois et d'Ephestion. Nous avons, par ailleurs, tout lieu de penser que ces deux imitations de Quinte-Curce étaient particulièrement goûtées au XVIIe siècle. Il existe un recueil de poésie de 1671, où se trouvent plusieurs extraits des écrits de Racine(42). Pour le compte d'*Alexandre* ne figurent que le discours que Porus adresse à Ephestion, et celui de Cléophile dont nous venons de parler. C'est la preuve, s'il en fallait, de l'estime dont jouissait alors l'imitation des Anciens.

Cependant Racine exploite sa source principale avec un éclectisme parfois surprenant. C'est notamment le cas pour la bataille du passage de l'Hydaspe, qui constitue un moment fort chez Quinte-Curse. Certes, la règle des unités oblige Racine à raccourcir l'épisode(43), et interdit la représentation du champ de bataille sur la scène. Mais n'y avait-il pas moyen d'intégrer quelques détails plus vifs aux récits que font Taxile, Alexandre et Ephestion? C'est, en tout cas, la constatation de Saint-Evremond:

---

(37) 'totumque iter per quod ferri destinavit odoribus complent', Quinte-Curse 8.9.23. Voir aussi le vers 583.

(38) 'Omphis, permittente Alexandro, et regium insigne sumpsit et more gentis suae nomen quod patris fuerat; Taxilen appellavere populares', ibid. 8.12.14.

(39) L'édition de Mesnard avait déjà identifié ces emprunts, mais sans commentaire.

(40) Quinte-Curce 7.8.12-30.

(41) op.cit., p. 92.

(42) *Recueil de Poesies Diverses. Dedié à Monseigneur le Prince de Conty*, Paris, Pierre le Petit, 1671 (B.N.: Rés.Ye 2217).

(43) Chez Quinte-Curce la confrontation entre les deux armées dure plusieurs jours ('Per complures dies': 8.13.19).

En effet ce passage de l'Hydaspe si étrange qu'il se laisse à peine concevoir, une grande armée de l'autre coté, avec des chariots terribles et des Elephans alors effroyables ... tout cela, dis-je, devoit fort élever l'imagination du Poete, et dans la peinture de l'appareil, et dans le recit de la bataille(44).

La manière dont Cléophile évoque les deux armées paraît, en comparaison, remarquablement plate (même si la situation dramatique exige une certaine brièveté):

> Tandis qu'autour de nous deux puissantes Armées
> D'vne égale fierté l'vne et l'autre animées
> De leur fureur par tout font voler les éclats. (vv. 697-99)

Les guerriers ne font guère mieux(45). Il semblerait que Racine souhaite supprimer la couleur locale dont Quinte-Curce imprègne son récit, jusqu'à omettre toute référence aux éléphants, arme suprême de l'armée indienne. La question se pose alors: à quels aspects de la bataille Racine veut-il accorder une place privilégiée dans les récits qu'en font ses personnages? La réponse est d'une extrême simplicité: à ceux qui constituent de véritables péripéties. Nous en identifions quatre, et l'on verra que c'est ici surtout que Racine s'éloigne de ses sources latines, puisque c'est aux historiens grecs qu'il doit la source de ses coups de théâtre.

Première péripétie: la nouvelle selon laquelle Porus a été défait, et a pris la fuite. C'est Taxile qui l'annonce (III.2), et Ephestion la confirme (III.7), en ajoutant la possibilité que Porus soit mort ('sa fuite ou son trespas', vers 975). Or, chez Quinte-Curce Alexandre lui-même empêche la fuite de Porus, et s'il le croit mort, ce n'est que momentanément, en voyant son corps mutilé(46). La péripétie introduite par Racine est d'une valeur théâtrale incontestable: Porus est absent pendant deux actes; Axiane le suppose mort, le regrette dans un monologue pathétique (IV.1); Taxile, en revanche, se permet de nouveaux espoirs en l'absence de son rival. La seule source qui ait pu autoriser ce coup de théâtre est Diodore de Sicile(47). Chez celui-ci une rumeur qui court au moment où les Indiens prennent la fuite veut que Porus soit mort(48). Si Racine a connu le récit de Diodore, il en a tiré profit.

Cette première péripétie en amène naturellement une deuxième: pour le comble des malheurs de Taxile, Cléophile lui apprend que Porus est toujours vivant (IV.4). Dans la scène suivante Taxile décidera de retourner à la bataille. Chez Quinte-Curce, Justin, Plutarque et Diodore de Sicile, Taxile ne figure pas parmi les combattants lcrs de la bataille du passage de l'Hydaspe. Cette fois-ci Racine se rapproche du récit d'Arrien. Celui-ci affirme que Taxile et son armée se mettent en route avec Alexandre(49); et, qui

---

(44) *op.cit.*, pp. 93-94.
(45) Voir les vers 775-8, 977-9, 1066-72, 1495-1520.
(46) Quinte-Curce 8.14.40
(47) Knight, qui cite Arrien et Plutarque comme sources d'*Alexandre*, ne parle pas de Diodore de Sicile (*Racine et la Grèce*, p. 263)
(48) διαδοθείσης δὲ φήμης ὅτι τετελεύτηκεν ὁ βασιλεύς.
      Diodore de Sicile 17.88.7.
(49) Arrien 5.8.5.

plus est, qu'Alexandre l'envoie parlementer avec Porus lorsque celui-ci est presque vaincu(50).

Arrien et Quinte-Curce fournissent aussi les éléments d'une troisième péripétie: Porus annonce dans la dernière scène qu'il a tué Taxile de sa propre main. Mais Racine s'est permis de modifier de manière significative les récits d'Arrien et de Quinte-Curce, que nous pouvons croire à l'origine de ce coup de théâtre. Chez le premier, Porus reconnaît en Taxile un ancien ennemi et voudrait le tuer - mais Taxile réussit à s'échapper(51). Chez Quinte-Curce, pourtant, c'est le *frère* de Taxile qui aborde Porus, et qui trouve la mort(52). Racine a donc retenu des éléments provenant des deux sources(53) pour créer un coup de théâtre que ses spectateurs ne pouvaient guère prévoir. Cette indépendance par rapport aux sources met en valeur toute l'importance de la mort de Taxile pour le dénouement de la pièce(54).

La dernière péripétie d'*Alexandre* constitue sans doute un des épisodes les plus célèbres de la carrière du héros: sa générosité envers Porus. Toutes les sources s'accordent sur l'essentiel: Alexandre pardonne à Porus, en raison de son courage, et lui restitue son royaume(55). Seuls deux auteurs grecs, Arrien et Plutarque, rapportent les paroles de Porus qui déclare avec fierté qu'il souhaite être traité 'en roi'. La convergence de ces sources et du vers 1568 d'*Alexandre* est totale(56).

En somme, si Quinte-Curce reste incontestablement la première source d'*Alexandre*, l'influence d'autres historiens latins et grecs n'est pas sans intérêt. Presque tous les éléments de l'intrigue, tous les personnages principaux - à l'exception d'Axiane - dérivent, dans une certaine mesure, des sources anciennes. Mais ce qui ressort surtout des analyses précédentes, à notre avis, c'est que Racine n'est fidèle à ses sources que dans la mesure où il y découvre une valeur théâtrale.

SOURCES ET PRECURSEURS LITTERAIRES DES SEIZIEME ET DIX-SEPTIEME SIECLES

La carrière d'Alexandre avait fasciné d'autres dramaturges français avant Racine. Les traducteurs de la Renaissance y étaient sans doute pour quelque chose: grâce à Jacques Amyot, à Guillaume Michel de Tours et à Claude de Seyssel les oeuvres de Plutarque, de Diodore de Sicile et de Justin étaient désormais disponibles en traduction. Et les fameuses

---

(50) *ibid.*, 5.18.6.

(51) καὶ ἂν, καὶ κατέκανε τυχόν, εἰ μὴ ὑποφθάσας ἐκεῖνος ἀπήλασεν ἀπὸ τοῦ Πώρου πρόσω τὸν ἵππον.
      ibid, 5.18.7.

(52) 'Interim frater Taxilis, regis Indorum, praemissus ab Alexandro, monere coepit Porum...' Quinte-Curce 8.14. 35-36.

(53) En effet, dans la première version de la Préface de 1675/6, il croit - à tort - que la mort de Taxile est relatée au VIIIe livre de Quinte-Curce, mais sans doute a-t-il reconnu son erreur puisque la phrase est omise par la suite.

(54) Voir l'Introduction, pp. xxxvi-xxxvii.

(55) Quinte-Curce 8.14.45; Justin 12.8.7; Arrien 5.19.3; Diodore de Sicile 17.89.6; Plutarque 60.15.

(56) "βασιλικῶς μοι χρῆσαι, ὦ Ἀλέξανδρε."
      Arrien 5.18.2;

      ὁ Ἀλέξανδρος ἠρώτα, πῶς αὐτῷ χρήσηται, "βασιλικῶς" εἶπε.
      Plutarque 60.14.

versions de Quinte-Curce par Vaugelas et d'Arrien par Pérot d'Ablancourt ne manquèrent pas, à leur tour, d'éveiller l'intérêt des lecteurs et des dramaturges du Grand Siècle(57). Plus d'un siècle avant la première représentation d'*Alexandre le Grand*, Jacques de la Taille avait composé *Alexandre* et *Daïre*, tragédies régulières en cinq actes qui témoignaient de la renaissance du théâtre classique dans les années 1560. Son frère, Jean de la Taille, les avait fait paraître en 1573(58), à la mort de leur auteur, et elles furent rééditées plusieurs fois jusqu'au début du dix-septième siècle(59). C'est Alexandre Hardy qui prit alors la relève: ses deux pièces *La Mort de Daïre* et *La Mort d'Alexandre* furent imprimées en 1626(60). Quelque vingt ans plus tard, Alexandre n'est pas moins à la mode, et Porus l'accompagne dans *Porus ou la Generosité d'Alexandre*, oeuvre de l'abbé Boyer(61). La question se pose: Racine a-t-il connu ces tragédies? Il est impossible de répondre avec certitude dans les cas de Jacques de la Taille et de Hardy. Néanmoins, on peut affirmer que même s'il les a lues, il n'en a retenu que des traits banals, qu'il a pu aussi bien trouver dans les sources anciennes, tel l'orgueil d'Alexandre qui ressort de *La Mort d'Alexandre* de Hardy. Le sujet de la pièce de Boyer, d'autre part, s'apparente davantage à celui d'*Alexandre le Grand*, et une comparaison plus approfondie des deux textes s'impose.

N'oublions pas, par ailleurs, que l'Hôtel de Bourgogne avait affiché un *Alexandre*, rival d'*Alexandre le Grand*, avant de représenter la pièce de Racine en décembre 1665. Il s'agissait selon toute probabilité de la tragédie de Boyer, *Porus ou la Generosité d'Alexandre*, qui fut rebaptisée *Le Grand Alexandre ou Porus Roy des Indes*. Même si nous nous rangeons du côté des critiques récents qui croient que *Porus ou la Generosité d'Alexandre* ne fut jamais représentée en 1665(62), on peut juger de la concurrence que l'oeuvre représentait par le fait que les éditeurs d'*Alexandre le Grand* crurent nécessaire d'obtenir une interdiction de la vente de cette ré-édition de Boyer, puisque le public risquait de la confondre avec la pièce de Racine(63). Cette rivalité entre théâtres et entre libraires indique à quel point on se souvenait du *Porus* de Boyer en 1665-6, aussi est-il légitime de penser que Racine, lui aussi, a pu s'intéresser à son précurseur(64).

Cependant, dès qu'on regarde *Porus* de plus près, on est tenté de croire que Racine y a décelé l'intérêt d'une pièce qui opposerait Alexandre et Porus - mais où il pourrait tisser une intrigue moins farfelue que celle de la pièce de l'abbé Boyer! Aucun risque chez celui-ci que son Porus ne l'emporte sur Alexandre. Boyer a fait de Porus un mari jaloux - Alexandre tient sa femme et ses deux filles prisonnières - qui s'abaisse à se

---

(57) Plutarque, *Les Vies des hommes illustres* (tr. par Jacques Amyot), 1559. Diodore, *Sept livres des histoires* (tr. par Jacques Amyot), Paris, 1554. Justin, *Les Oeuvres* (tr. par Guillaume Michel), Paris, 1538. Justin, *Les Histoires Universelles* (tr. par Claude de Seyssel), Paris, 1559. Quinte-Curce, *De la Vie et des actions d'Alexandre le Grand* (tr. par Claude Favre de Vaugelas), Paris, 1653. Arrien, *Les Guerres d'Alexandre* (tr. par Pérot d'Ablancourt), Paris, 1646.

(58) *Alexandre* (1573), ré-édité par C.N. Smith; *Daire, tragedie de feu Jacques de la Taille*, 1573.

(59) Voir *Alexandre*, éd. C.N. Smith, p. IX.

(60) *Le Theatre d'Alexandre Hardy Parisien. Tome quatriesme*, 1526.

(61) Nous avons consulté l'exemplaire de l'édition de 1548 conservé à la B.N. (Yf.522). La nouvelle édition de 1666 (B.N.: Rés.Yf 3721) n'introduit aucune variante importante, sauf la suppression d'une épître dédicatoire. Cette seconde édition n'a pas de Privilège.

(62) Voir J. Pommier, 'Autour de l'*Alexandre* de Racine', 1969.

(63) *ibid.*, p. 262.

(64) Comme il l'a fait pour *La Thébaïde*, qui tenait de l'*Antigone* de Rotrou (1639).

déguiser en confident de son propre ambassadeur pour pénétrer dans le camp d'Alexandre(65). Il n'ose combattre son rival qu'au dernier acte, après s'être déjà assuré de la bienveillance de celui-ci. A vrai dire, l'action d'*Alexandre le Grand* ne se rapproche de celle de *Porus* que ponctuellement. Les deux pièces se passent dans un camp sur les bords de l'Hydaspe(66); il y a chez les deux auteurs une captive qui est tombée amoureuse de son vainqueur(67); un personnage féminin vitupère contre Alexandre, pour reconnaître par la suite sa générosité(68). Ces éléments ne suffisent guère pourtant pour que nous puissions reconnaître une véritable influence de Boyer sur Racine. Faudrait-il plutôt mettre en regard les scènes dans lesquelles les deux dramaturges représentent la générosité d'Alexandre? Avant Racine, Boyer a dépeint un Porus qui veut être traité en roi(69); Alexandre lui rend ses états, et y en ajoute d'autres(70); et Porus s'estime content de s'être dressé contre Alexandre(71). Mais même ici il n'est pas sûr que Racine ait imité Boyer: ces détails ne proviennent-ils pas des sources latines et grecques, que les deux auteurs ont dû consulter indépendemment? Et les sentiments évoqués aux deux dénouements se distinguent nettement. Le *Porus* de Boyer a beau s'intituler une tragédie. Suivant la mode des tragi-comédies, la pièce se termine sur la perspective heureuse d'un double mariage(72); Porus retrouve sa femme; la seule victime est le traître Attale, qui n'a même pas paru sur la scène, et dont les actions justifient pleinement le sort. On est loin des tons sombres que la mort de Taxile, l'abattement de Cléophile créent chez Racine. Bref, de *Porus* à *Alexandre* ne parviennent que de lointains échos. Quant aux vers de Boyer, ils ne constituent pas la trame de la poésie de Racine. Dans de rares cas, on pourrait affirmer que tel ou tel hémistiche ou alexandrin d'*Alexandre* laisse croire que certains vers de *Porus* flottaient encore dans le souvenir de Racine, mais sans que ce dernier ait cherché à creuser la ressemblance(73).

Il en va tout autrement pour les rapports entre *Alexandre* et le théâtre de Pierre Corneille. Comment le jeune Racine n'aurait-il pas subi l'influence de son prédécesseur vieillissant? En fait, bien des critiques ont voulu considérer *Alexandre* comme la pièce la plus 'cornélienne' que Racine ait écrite, d'où plusieurs études destinées à relever tous les emprunts éventuels(74). Par souci de brièveté, nous ne prétendons pas recenser ici tous

---

(65) Pour un résumé de l'action enchevêtrée de *Porus*, voir H.C. Lancaster, *A History of French Dramatic Literature in the Seventeenth Century*, 2e Partie, II, 1932, p. 595.

(66) Chez Boyer, c'est le camp d'Alexandre.

(67) On peut comparer la situation de Clairance, fille de Porus, qui s'est éprise de Perdiccas dans le *Porus* de Boyer avec celle de Cléophile dans *Alexandre*.

(68) Argire, femme de Porus, injurie Alexandre dans la scène V.3. de *Porus* (tout comme Axiane le fait dans la scène V.2 d'*Alexandre*):

    Mais qu'elle tyrannie, et qu'elle cruauté.
    Viens tu vanter ce coup que ton bras a porté?

(69) Mais chez Boyer c'est la femme de Porus qui dit à Alexandre: 'Souviens-toy qu'il est Roy plustost que ton esclave' (IV.6).

(70) *Porus*, IV.7.

(71) 'Je suis trop glorieux de t'avoir combattu' (V.4).

(72) Les deux filles de Porus pourront épouser ceux qu'elles aiment.

(73) Mesnard reproduit quelques passages du *Porus* qui auraient pu influencer la dernière scène de la pièce de Racine: *Oeuvres de J. Racine*, II, pp. 602-6.

(74) Mesnard en signale dans les notes qui accompagnent le texte d'Alexandre: *Oeuvres de J. Racine*, II. L'étude récente la plus importante est celle de M. Edwards, 'Corneille dans *Alexandre le Grand* de Racine', 1965. P. Fortassier consacre quelques pages à *Alexandre* dans 'Racine lecteur de Corneille', 1979. Dans les notes à la fin de ce volume, nous nous bornons à reprendre les emprunts les plus notables.

ces échos, d'une valeur d'ailleurs parfois contestable; nous nous bornerons à souligner la façon dont l'oeuvre de Corneille a pu influer sur la thématique et la structure de la deuxième pièce de Racine.

Puisque *Alexandre* met au premier plan la générosité du héros, il n'est pas étonnant que la pièce ait souvent été comparée à *Cinna* et à *Nicomède*(75), et Edwards a même proposé des rapprochements avec la générosité de Grimoald au Ve acte de *Pertharite*(76). Il faut certes reconnaître que c'est Corneille qui a valorisé le sujet du héros généreux, mais les dénouements de ces trois pièces laissent peu de traces sur celui d'*Alexandre*(77). N'est-ce pas plutôt l'image d'un héros conquérant du monde que Racine doit à Corneille? Alexandre est fait sur le même moule que l'Auguste de *Cinna*, ou le César de *La Mort de Pompée* - et un vers tout au début d'*Alexandre* suffit à indiquer au spectateur ou au lecteur averti les ressemblances entre Alexandre et Pompée(78). Dans *Cinna* et dans *Pompée*, comme dans *Alexandre*, il est question de la nature du pouvoir du héros: s'agit-il ou non d'un tyran(79)? Débat qui est repris par ailleurs dans une pièce de Corneille qui paraît en 1662, *Sertorius*(80). D'autre part, l'étude récente de Kirkness sur le lexique d'*Alexandre* a relevé l'importance de termes comme tyran, univers - qui caractérisent aussi *Cinna*(81).

Une autre ressemblance entre le théâtre de Corneille et *Alexandre* pourrait nous surprendre davantage, à savoir la manière dont *La Mort de Pompée* se révèle comme la devancière d'*Alexandre* en matière de galanterie. Racine lui-même avait voulu attirer l'attention sur les ressemblances entre la liaison de Cléopâtre et de César et celle de Cléophile et d'Alexandre, dans la première version de la préface de 1675-6(82), et Louis Racine a cité quelques vers de *Pompée* pour indiquer que son père n'était pas le seul à mettre dans la bouche d'un héros des compliments galants(83). Tout comme Alexandre, César n'arrive qu'au IIIe Acte de la tragédie, mais il a envoyé à Cléopâtre des messages secrets(84), et pendant leur entretien il lui explique qu'il ne souhaite que le droit de la servir(85). Les situations de Cléopâtre et de Cléophile se rapprochent aussi puisqu'elles ont chacune un frère (Ptolomée/Taxile) qu'elles cherchent à ranger du côté de leur amant. Et tout comme Taxile, Ptolomée, mort dans une bataille, est regretté par sa soeur à la fin de la tragédie(86). Cependant les paroles d'Alexandre qui promet à Cléophile de se

---

(75) Subligny a établi une comparaison entre Nicomède et Porus: voir les vers de *La Muse de la Cour* du 7 décembre 1665 cités plus haut (p. vii).

(76) *art.cit.*, pp. 50-2.

(77) La manière dont Emilie et Cinna remercient Auguste de sa clémence et reconnaissent sa vertu (*Cinna*, vv. 1715-32) ressemble à l'attitude de Porus et d'Axiane envers Alexandre (*Alexandre* vv. 1593-1606). Pertharite fait prévaloir sa dignité royale lorsqu'il confronte Grimoald (*Pertharite*, v. 1782), comme Porus qui veut qu'Alexandre le traite 'en roi' (*Alexandre*, v. 1568).

(78) 'Leurs trônes mis en cendre, et leurs sceptres brisés' (*La Mort de Pompée*, v. 64); 'Voyez de toutes parts les Trônes mis en cendre' (*Alexandre*, v. 6).

(79) Voir *Cinna* II.2; *La Mort de Pompée* I.1.

(80) Voir *Sertorius* III.1.

(81) W.J. Kirkness, 'The Language of Racine's *Alexandre*', 1988.

(82) Racine semble y reprendre quelques données des rapports entre Cléopâtre et César que Corneille avait signalées dans son *Examen de La Mort de Pompée* (1660) - par exemple la naissance de Césarion, fils de Cléopatre et de César.

(83) Il cite les vers 1267-72 de *La Mort de Pompée* (Louis Racine, *Examen d'Alexandre*).

(84) *La Mort de Pompée* vv.397-400. Comparer avec *Alexandre* vv. 49-52.

(85) *La Mort de Pompée* vv. 1259-1270.

(86) 'J'en ressens dans mon âme un murmure secret' (*ibid.*, v.1795). Comparer *Alexandre* vv. 1607-12.

charger des funérailles de Taxile rappellent plutôt la conclusion de *Sertorius*, où Pompée se charge du tombeau de son rival(87). Est-ce un hommage discret à Corneille que cet emprunt qui clôt *Alexandre*?

Pourtant dès le dix-septième siècle la critique a cru distinguer l'empreinte d'une toute autre influence sur *Alexandre*, celle des tragédies et tragi-comédies doucereuses et romanesques. Pradon est allé jusqu'à affirmer que:

> Jamais Quinault n'a tant répandu de sucre et de miel dans ses opéras
> que le grand Racine en a mis dans son *Alexandre*, nous faisant du plus
> grand héros de l'antiquité un ferluquet [*sic*] amoureux(88).

Or, nous venons de montrer qu'une tragédie cornélienne telle que *La Mort de Pompée* obéit également à l'engouement pour les soupirs et les larmes des amants. Mais Racine suit-il davantage les sentiers tracés par un Thomas Corneille ou un Quinault? Si l'on compare *Alexandre* avec *Timocrate*(89), par exemple, ou avec *Astrate*(90), il faut admettre qu'on y découvre des parallèles avec l'intrigue et certaines scènes d'*Alexandre*. Il semble de rigueur qu'au moins deux soupirants rivaux prétendent gagner la main de l'héroïne - comme Porus et Taxile à l'égard d'Axiane(91). Cette héroïne ne doit avouer son amour qu'à force de maints détours précieux(92), alors que le héros est contraint de se déclarer son esclave éternel(93). Si Racine ne pousse la primauté de l'amour aussi loin que le fait le dénouement d'*Astrate*(94), toujours est-il qu'il aurait pu citer certaines scènes de *Timocrate* comme parangons de la querelle entre Taxile et Porus (I.2), ou du monologue où Axiane regrette la disparition de Porus (IV.1)(95). Ce qui ne nous autorise pas à parler, à vrai dire, de sources, mais plutôt de précurseurs qui participent à un courant littéraire auquel, à un certain moment de sa carrière, Racine, lui aussi, fut sensible(96).

Il serait impossible en fait de prétendre citer toutes les pièces antérieures qui se

---

(87)   Allons donner votre ordre à des pompes funèbres,
         A l'égal de son nom illustres et célèbres,
         Et dresser un tombeau, témoin de son malheur,
         Qui le soit de sa gloire et de notre douleur.
         (*Sertorius*, vv. 1917-20).
         Comparer avec *Alexandre*, vv. 1615-6.

(88)   *Triomphe de Pradon*, 1684, p. 84.

(89)   Thomas Corneille, *Timocrate*, 1656: cette tragi-comédie fut un des grands succès de son siècle.

(90)   Philippe Quinault, *Astrate*, 1664/5 (ré-édité par E.J. Campion, 1980).

(91)   Dans *Astrate*, Elise a deux amants rivaux, Astrate et Agenor; Eriphile, héroïne de *Timocrate*, en a quatre!

(92)   Voir *Timocrate*, II.4 et *Astrate*, II.4. Comparer avec *Alexandre*, II.5.

(93)   Voir *Timocrate*, I.4 et *Astrate* IV.3. Comparer les attitudes de Porus et d'Alexandre: *Alexandre*: II.5, III.6.

(94)   Astrate est prêt à sacrifier la vengeance qu'il doit à son père pour sauver Elise (IV.3), tandis que celle-ci se suicide pour l'épargner (V.5).

(95)   Comparer avec le débat entre Nicandre et Cléomène (*Timocrate* IV.3), où l'emploi des stichomythies est frappant; et avec les stances d'Eriphile (III.1).

(96)   Mais Racine élimine beaucoup des traits précieux lors de ses révisions successives d'*Alexandre*. Voir l'Introduction, p. xxxix-xlii.

rapprochent de tel ou tel aspect d'*Alexandre*(97), encore moins de déterminer à quel point celle-ci ou celle-là exerça une influence déterminante sur Racine. Et peut-être faudrait-il aussi relire *Alexandre* à la lumière des romans à succès, comme *Le Grand Cyrus* de Mlle de Scudéry ou la *Cassandre* de La Calprenède. En conclusion, admettons seulement que Racine s'est impregné de la littérature française des premières décennies du règne de Louis XIV, sans renoncer pour autant à son droit d'innover.

ALEXANDRE ET LA POLITIQUE

Les critiques soucieux d'expliquer le succès d'*Alexandre* au dix-septième siècle sont presque tous d'accord pour dire qu'il est dû à son 'impact idéologique'(98). 'Cette oeuvre répondait pleinement à ce que le roi attendait de ceux qui désiraient travailler à sa gloire, en faisant fonctionner l'énorme machine à représentation du pouvoir absolu.(99)' Or, si la pièce représentait le pouvoir absolu, cette représentation se verrait surtout dans le portrait d'Alexandre. La pièce aurait donc réussi parce qu'elle a plu au roi, et elle aurait plu au roi, parce que, dans un portrait élogieux du grand conquérant, Louis XIV a pu se reconnaître. Ce rapprochement entre Louis XIV et Alexandre a été souvent constaté par les critiques modernes, dont tout au premier rang R. Jasinski, pour qui 'Alexandre rappelle constamment Louis XIV. Mieux, par une assimilation exceptionnellement étroite, il *est* Alexandre ... Alexandre est Louis XIV'(100).

Louis XIV et le thème d'Alexandre le Grand

Que la pièce soit construite pour glorifier Louis XIV, rien n'est plus vraisemblable. La première pièce de Racine, *La Thébaïde*, jouée en 1664, avait connu un succès plutôt moyen(101). La composition de *La Nymphe de la Seine* (1660), de l'*Ode sur la convalescence du roi* (1663), et d'une troisième ode, *La Renommée aux Muses* (1663), lui avait déjà valu d'être inscrit sur la première liste régulière de *Gratifications aux savants et hommes de lettres français et étrangers* publiée le 22 août 1664. Cette distinction lui apporta la somme de 600 livres. Cependant aucun des autres écrivains figurant sur la liste n'avait reçu une somme inférieure(102). Racine avait donc d'autres efforts à faire pour se distinguer nettement de ses concurrents. Aussi le sujet d'Alexandre le Grand a-t-il dû sembler extrêmement prometteur à ce jeune ambitieux qui voulait se faire remarquer dans le théâtre au milieu des années 1660. Un tel sujet, transporté sur la scène parisienne, offrait au dramaturge une façon on ne peut plus directe, plus éclatante, d'attirer sur lui l'attention du roi lui-même.

---

(97) Voir par exemple les parallèles que M. Edwards propose entre *Alexandre* et une pièce de Scudéry: 'L'*Arminius* de Georges de Scudéry et les deux premières pièces de Racine', 1964. Selon Edwards l'*Axiane* de Scudéry (tragi-comédie de 1644) a pu fournir le nom de l'héroïne de Racine (*ibid.*, p. 58).

(98) Voir la notice d'*Alexandre* dans Racine, *Théâtre complet*, éd. J. Morel et A. Viala, 1980, p. 66.

(99) Bruneau, *Racine: le jansénisme et la modernité*, p. 78.

(100) R. Jasinski, *Vers le vrai Racine*, 1958, I, p. 102, p. 121. A propos de ce rapprochement voir, par ailleurs, J. Truchet, *La Tragédie classique en France*, 1975, p. 94, et N. Ferrier-Caverivière, *L'Image de Louis XIV dans la littérature française de 1660 à 1715*, 1981, p. 114.

(101) Picard, *La Carrière de Jean Racine*, pp. 104-05.

(102) Picard, *La Carrière de Jean Racine*, pp. 69-70.

Tout le long de sa longue vie, poètes et écrivains ont célébré Louis XIV en le comparant à Alexandre. Tôt après sa naissance en 1638 on l'accueillit comme 'un nouvel Alexandre'(103); quand il se marie en 1660 on lui trouve 'le grand air d'Alexandre'(104) ; déjà dans *La Renommée aux Muses* Racine voit dans Louis le reflet de l'illustre guerrier(105); et même en 1672, quand la France sera affaiblie par la guerre, Louis sera quand même 'l'invincible Alexandre'(106).

Ce rapprochement était particulièrement courant à l'époque où Racine commençait à composer sa deuxième pièce de théâtre. Au reste, c'est un rapprochement que Louis encourageait lui-même, quand il assista en 1660 à l'exécution par le célèbre artiste Charles Le Brun du tableau *La Tente de Darius*, où l'on voit Alexandre vainqueur devant la famille du rebelle Darius(107). Quand Le Brun devint bientôt premier peintre du roi et directeur de la nouvelle Manufacture royale des meubles de la couronne aux Gobelins, Louis ne tarda pas à lui commander une série de tapisseries sur des événements importants de la vie d'Alexandre. Les cinq scènes principales, faites sur les cartons de Le Brun entre 1662 et 1668, sont: le passage du Granique, la bataille d'Arbèles, la famille de Darius, la présentation de Porus vaincu, et l'entrée d'Alexandre dans Babylone. Louis aimait tellement ces tapisseries qu'il en faisait faire des copies qu'il offrait au duc de Lorraine, à son frère le duc d'Orléans, à un ministre du roi du Danemark, et à Mlle de Montpensier(108). D'aucuns ont proposé que l'artiste s'était inspiré du dramaturge pour ce qui est de la scène entre Porus et Alexandre(109). Mais la datation des tapisseries pose des problèmes épineux et Hartle, qui s'occupe précisément de ces problèmes, nous invite plutôt à croire que c'est le dramaturge qui s'est inspiré de l'artiste(110). On peut penser que le thème d'Alexandre faisait fureur dans le monde artistique vers 1665. Cette impression se voit confirmée par une oeuvre du Bernin, le célèbre sculpteur italien, que Louis réussit finalement à attirer à Paris en 1665. Son séjour ne fut pas long, quelques mois seulement, mais il eut tout de même le temps d'achever le buste de Louis XIV que l'on peut rapprocher de certains portraits d'Alexandre exécutés au dix-septième siècle(111). Non seulement Louis aimait voir des images d'Alexandre ou des souvenirs d'Alexandre dans les portraits qu'on faisait de lui, mais il pouvait aussi devenir Alexandre. C'est ce que lui permit de faire le *Ballet royal pour la naissance de Vénus*, dansé en 1665. Louis interpréta le rôle d'Alexandre. Les commentaires du librettiste Benserade nous font bien voir à quelles hyperboles pouvait avoir recours un auteur qui tenait à plaire à son roi:

Mais toute chose égale entre ces grandes âmes,
Qui voudrait au surplus comparer leurs dehors,

(103) N. Frénicle, *Eglogue sur la naissance de Mgr le Dauphin*, 1639, p. 7, cité par Ferrier-Caverivière, *L'Ima, Louis XIV*, p. 17.
(104) La Mesnardière, *Chant nuptial pour le mariage du roi*, 1660, p. 7, cité par Ferrier-Caverivière, p. 37.
(105) *Oeuvres complètes*, éd. Picard, II, p. 972.
(106) La Volpilière, *La Hollande aux pieds du roi*, 1672, p. 5, cité par Ferrier-Caverivière, p. 133.
(107) P. Hourcade, 'La Thématique d'Alexandre', 1970-71, p. 42.
(108) R. W. Hartle, 'Le Brun's *Histoire d'Alexandre* and Racine's *Alexandre le Grand*', 1957, p.90.
(109) May, *Tragédie cornélienne, tragédie racinienne*, pp. 139-40.
(110) 'Le Brun's *Histoire d'Alexandre*', pp. 100-03.
(111) Terminé le 5 octobre 1665 le buste fut gardé d'abord au Louvre. Louis le fit transporter bientôt à Versaill il se trouve aujourd'hui. Voir H. Hibbard, *Bernini*, 1965, pp. 176-78.

Pour la taille, la mine et les grâces du corps,
Alexandre eût perdu devant toutes les dames(112).

Il est donc impossible de concevoir qu'en 1665 une tragédie mettant en scène Alexandre le Grand ait pu ne pas plaire au roi. Alexandre était bel et bien à la mode. Dans le rôle d'Alexandre, comme dans le ballet de Benserade et dans les oeuvres de Le Brun, Louis XIV et ses sujets pouvaient admirer la noble image du monarque de France(113).

Pièce allégorique?

Le choix du personnage principal pourrait nous faire croire que Racine, par ce choix, voulait louer le roi, mais peut-on dire que Racine ait fourni des détails précis qui contribueraient à l'identification de Louis XIV dans le rôle d'Alexandre, aussi bien qu'à l'impact idéologique de l'oeuvre dans un sens plus large? Jasinski pense que oui. Considérons le portrait d'Alexandre. Taxile, qui vient de le voir pour la première fois, le décrit pour montrer combien le conquérant l'a impressionné. Il insiste sur son 'jeune éclat' (v. 839), 'l'heroïque fierté' de son front (v. 843), 'le feu de ses regards' et 'sa haute Majesté' (v. 844). 'Voici,' dit Jasinski, 'le portrait de Louis XIV.(114)' Disons tout de suite qu'il ne nous paraît pas utile de trouver dans les paroles de Taxile une description exacte de Louis XIV: tout y est trop général. L'Alexandre de Racine est peut-être le reflet de Louis; il n'en est pourtant pas la reproduction photographique.

Mais une fois qu'il pense avoir établi des liens précis entre Alexandre et Louis, Jasinski se tourne vers les autres personnages et vers les événements principaux et il croit pouvoir préciser la portée politique de la pièce en y identifiant des figures et des événements appartenant au règne de Louis XIV. Le vrai sujet de la pièce est pour lui 'la réconciliation du roi et des princes après les troubles de la Fronde' (p. 101). Porus serait donc le grand Condé qui après avoir été rebelle pendant les guerres de la Fronde (1648-53) reçut finalement le pardon de Louis XIV en 1660 (p. 109). Ephestion, l'ambassadeur d'Alexandre, serait Mazarin parce que ses 'tractations' rappellent celles, bien connues, du cardinal (p. 105). Taxile se laisse moins aisément identifier: serait-il Monsieur, Gaston d'Orléans, ou Conti, frère du grand Condé, ou encore Turenne, ou La Rochefoucauld (pp. 113-15)? Les deux héroïnes sortent, elles aussi, des années de la Fronde (pp. 118-20). *Alexandre* serait donc, pour Jasinski, une pièce permettant aux spectateurs de revivre la Fronde et d'en revoir sur la scène les figures principales. Louis XIV se voyait loué dans l'image d'Alexandre triomphant des rebelles et leur accordant un pardon généreux. Les anciens frondeurs aussi - et ici Jasinski se montre bien subtil - 'pouvaient se reconnaître en de nobles rôles' (p. 120). C'est donc précisément cette pièce qu'il fallait à Racine en 1665. 'Nulle oeuvre ne pouvait appeler mieux les hautes protections, ni s'assurer plus large audience' (p. 120).

Pourtant nous ne trouvons pas convaincante cette allégorie élaborée. Et d'abord parce que ce n'est pas en tant qu'allégorie que la pièce plut aux spectateurs du dix-septième siècle, ou du moins aucun témoignage contemporain ne vient à l'appui de cette

---

(112) Benserade, *Ballet royal pour la naissance de Vénus*, cité par Ferrier-Caverivière, p. 67.
(113) Dans une perspective plus large J. Dubu explore dans un article tout récent les liens entre les créations esthétiques de Louis XIV à Versailles et celles de Racine: 'Racine et l'iconographie de Versailles', 1989. Sur l'iconographie d'Alexandre à Versailles voir p. 197.
(114) *Vers le vrai Racine*, p. 102.

interprétation. Du reste, Jasinski amoindrit la force de cette allégorie politique en proposant d'autres niveaux allégoriques (Cléofile serait Mlle de La Vallière [p. 118]; Alexandre serait Racine lui-même [p. 121]; Taxile serait Corneille, mais aussi Racine [p. 124]). Or A. Viala l'a très bien dit, 'de tels rapprochements n'expliquent rien'(115).

L'Epître au roi

Cependant, on ne saurait douter, semble-t-il, que le rôle d'Alexandre fasse penser au roi. Le fait que Racine offre la dédicace à Louis XIV et que celui-ci l'accepte semble donner créance à cette association d'idées. Toute l'épître que Racine adresse au roi et qui paraît en tête des éditions séparées d'*Alexandre* publiées en 1666 et 1672 met en parallèle le roi de France et le grand conquérant du quatrième siècle av. J.-C.. Mais tout soucieux qu'il soit de louer et de plaire, le jeune dramaturge ne trouve pas facile de soutenir la comparaison entre deux hommes qui sont, en fait, bien différents. Quels sont les points qu'ont en commun Alexandre et Louis? Il y a la grandeur ('Au Roy', l. 4) et la gloire (l. 7), deux concepts assez vagues que Racine mentionne sans fournir de détails précis. La grandeur est ce qui met les deux hommes en parallèle. Pour ce qui est de la gloire, Racine y fait appel pour critiquer ses propres ennemis qui ont voulu 'défigurer' son héros: si Louis XIV a reconnu la gloire dans le portrait d'Alexandre mis en scène par Racine, à quelle meilleure autorité pourrait-on s'en rapporter? Le problème qui s'est posé à Racine est le suivant: Alexandre est célèbre par ses faits guerriers, mais le mot 'guerrier' ne convient pas du tout au jeune roi de France, et ne lui conviendra qu'après la Guerre de Dévolution (1667-68) et la Guerre de Hollande (1672-79); comment soutenir ce parallèle quand manque l'élément essentiel de la comparaison? Racine se montre subtil, mais c'est une subtilité qui ne laisse pas de faire voir une certaine tension. Il fait lui-même en quelque sorte ce que les détracteurs de son Alexandre avaient fait, c'est-à-dire qu'il essaie de ternir la réputation d'Alexandre le Grand afin de rehausser celle de Louis XIV, en s'attaquant précisément aux actions guerrières du premier. Si tous deux sont arrivés au comble de la gloire, c'est par des chemins différents: il a fallu à Alexandre la force des armes, à Louis la force de ses vertus. Indubitablement, le chemin qu'a pris Louis est plus difficile que celui qu'a dû emprunter Alexandre. Racine poursuit cette stratégie épidictique en exprimant le peu de cas qu'il fait des victoires du conquérant. A l'encontre d'Alexandre, dit-il, qui avait peut-être eu besoin de la Fortune dans ses conquêtes, Louis a pu s'en passer. Quand il passe à la péroraison de son épître, Racine amoindrit toute la force de ses remarques antérieures. Il espère que le roi se montrera à la tête d'une armée pour 'acheuer la Comparaison qu'on peut faire [de lui] & d'Alexandre' (ll. 28-29). Il resterait donc à Louis bien des choses à faire; on ne peut pas encore le comparer à Alexandre parce qu'il n'a pas encore accompli autant d'actions d'éclat que celui-ci. C'est une pensée peu flatteuse. Au reste, il y a une autre difficulté: pourquoi Racine invite-t-il le roi à se distinguer par des faits guerriers quand il vient de diminuer la valeur de tous ces jeunes conquérants, comme Alexandre, qui gagnent des batailles partout? Bref, Louis XIV n'est pas Alexandre, et Racine le savait très bien: en témoignent les problèmes d'argumentation que lui a posés son épître au roi.

---

(115) Racine, *Théâtre complet*, éd. Morel et Viala, p. 66.

PERSONNAGES ET PROBLEMES DRAMATURGIQUES

Le rôle d'Alexandre

A étudier de près les discours des principaux personnages d'*Alexandre* on se rend compte que la pièce est moins l'éloge du héros que certains lecteurs modernes ne l'ont supposé(116). Saint-Evremond, qui a fait d'*Alexandre* l'objet d'une critique assez sévère, d'abord dans une lettre à son amie Mme Bourneau, et ensuite dans sa *Dissertation sur le grand Alexandre*(117), pense que Racine a eu tort de représenter Porus, le vaincu, comme plus grand qu'Alexandre, le vainqueur(118). A en croire ce qu'écrit Racine dans sa première préface publiée en janvier 1666, avant que Saint-Evremond n'ait lu la pièce(119), l'exilé n'est ne le seul ni le premier à avoir exprimé cette opinion(120). Racine répond à trois reprises à cette critique. Dans l'épître au roi il dit que Louis XIV lui-même a pu reconnaître la gloire de son Alexandre (l. 6). Dans la première préface il nous rappelle qu'Alexandre est après tout le vainqueur et qu'il ne se contente pas 'de vaincre Porus par la force de ses armes, il triomphe de sa fierté mesme, par la generosité qu'il fait paroistre en luy rendant ses Estats' (ll. 33-35). La première réponse ne convaincrait pas un sceptique. La deuxième non plus, puisqu'elle se fonde uniquement sur les tout derniers discours de la pièce. La troisième réponse, dans la seconde préface, est plus réfléchie, mais guère plus convaincante, étant donné qu'elle repose sur l'idée paradoxale de 'l'invective élogieuse'. Reprenant d'abord le point de vue qu'il a déjà exprimé dans sa première préface Racine va plus loin:

> ces personnes [ses critiques] ne considèrent pas que dans la bataille et
> dans la victoire Alexandre est en effet plus grand que Porus, qu'il n'y a
> pas un vers dans la Tragedie qui ne soit à la loüange d'Alexandre, que
> les invectives mesme de Porus & d'Axiane sont autant d'Eloges de la
> valeur de ce Conquerant. (ll. 19-22)

La pièce serait donc en quelque sorte le procès d'Alexandre d'où le guerrier sortira triomphant, ayant été loué par le réquisitoire aussi bien que par le plaidoyer. Description qui promet une pièce de théâtre peu passionnante, il faut le dire. Mais Racine a-t-il raison de dire que la structure de sa pièce est telle qu'Alexandre se voit loué de toutes parts? Nous ne le pensons pas.

Bien que ce soit une méthode pleine d'obstacles (parce qu'on risque de ne pas faire suffisamment attention au contexte dramatique), on peut extraire du texte de nombreux vers consacrés à Alexandre afin d'apprécier l'image, ou plutôt les diverses images, du conquérant qui nous sont offertes. En effet Alexandre est le sujet de beaucoup des discours, même pendant la première moitié de la pièce avant son entrée en scène(121). Du reste, on peut alléguer bien des vers qui évoquent une impression favorable du héros,

---

(116) Pour B. Weinberg *Alexandre* est 'a poem of praise', *The Art of Jean Racine*, 1963, p. 191.

(117) Saint-Evremond, *Oeuvres en prose*, éd. Ternois, II, pp. 69-102.

(118) 'Il paroist qu'il a voulu donner une plus grande idée de Porus que d'Alexandre', *Oeuvres en prose*, II, p. 84.

(119) Nous disons bien 'lu'. Souvenons-nous que Saint-Evremond, exilé en Angleterre, n'a vu aucune représentation de la pièce. Voir Barnwell, 'Racine vu par Saint-Evremond', 1969.

(120) 'Ils disent que je fais Porus plus grand qu'Alexandre', ll. 31-32.

(121) A comparer, de ce point de vue, avec *La Mort de Pompée* de Corneille. Voir à ce propos p. xvii.

tels les tout premiers vers de la pièce où Cléophile dépeint l'image d'un guerrier tout-puissant, et qui d'ailleurs serait favorisé par le ciel et par la fortune (vv. 1-4). La gloire militaire d'Alexandre est exposée pour que les spectateurs la révèrent. Ephestion est peut-être celui qui insiste le plus sur les exploits militaires du héros (vv. 453-80, 593-603). Mais Racine a raison, jusqu'à un certain point, de dire qu'Alexandre se voit loué même par ses ennemis. Ecoutons Porus:

> Loin de le mépriser i'admire son courage,
> Ie rens à sa valeur vn legitime hommage. (vv. 157-8)

Si Alexandre a des ennemis, c'est qu'il est le modèle de la gloire militaire que d'autres, comme Porus, veulent imiter (vv. 161-3). Même Axiane, ennemie acharnée du conquérant, semble reconnaître toutes les vertus d'Alexandre (vv. 1135-42). Finalement, le héros lui-même, par ses actions, peut se montrer digne des louanges qu'on lui accorde. Son entrée en scène est précédée de la description très flatteuse que Taxile fait de sa personne (vv. 838-56). Et une fois sur scène Alexandre fait preuve tout de suite de sa générosité en épargnant le sang de ceux qu'il a vaincus, (vv. 863-4) et en offrant à Taxile 'trois diadèmes' (v. 870). Mais c'est sans doute par le dernier geste d'Alexandre que Racine espère attirer sur son héros toute l'admiration des spectateurs, c'est-à-dire par le pardon qu'il accorde à Porus au moment même où il aurait pu l'abattre (V. 3).

Pourquoi donc douter des aspects flatteurs du portrait d'Alexandre, quand tous les autres personnages, y compris ses adversaires, le louent, et quand lui-même agit d'une façon qui force l'admiration? Si la pièce nous paraît moins l'éloge d'Alexandre que Racine ne le dit, c'est que l'image glorieuse du héros est atteinte à plusieurs reprises au cours de l'action. Pour Saint-Evremond le fait même qu'Alexandre arrive sur scène pour s'occuper presque immédiatement des soins de son amour suffirait à l'amoindrir(122). Mais sans nous embarrasser de ce préjugé tout cornélien de Saint-Evremond, constatons que les personnages de la pièce, tout en admirant Alexandre à certains moments, s'attaquent directement aussi à son caractère et à ses espoirs politiques. C'est une attaque qui revient sans cesse et qui finit par faire d'Alexandre un héros ambigu.

Si les quatre premiers vers nous montrent une image favorable d'Alexandre, les quatre suivants ont de quoi nous faire modifier cette image: Alexandre peut bien inspirer de l'admiration, mais c'est une admiration basée sur la crainte (vv. 5-8). Il est une force brutale devant qui tout le monde a peur. Brutalité et terreur lui sont souvent attribuées au cours de la pièce. Porus met en évidence le projet qu'a formé Alexandre d'assujettir tout l'univers par la force destructrice de ses armes (vv. 145-52). Par la bouche de Taxile, qui est pourtant l'ami d'Alexandre, nous apprenons la violence du conquérant et son avidité insatiable de tout conquérir (vv. 191-6). Axiane, bien sûr, se plaît à révéler à Alexandre tous ses défauts: sa soif de guerres (vv. 1044-6), son injustice (vv. 1102-11), et sa tyrannie (v. 1122). Cléophile même, aussi amoureuse soit-elle d'Alexandre, ose louer Porus devant lui (vv. 1325-30), tout en reprochant au conquérant, quoique sur un ton moins acerbe, cette même volonté d'asservir le monde qui a fait l'objet de la critique des

---

(122) Ephestion, Taxile, et Porus parlent avantageusement de la grandeur d'Alexandre, dit Saint-Evremond, mais 'quand il paroist luy-mesme il n'a pas la force de la soûtenir', *Oeuvres en prose*, II, p. 87. Louis Racine fait écho à cette critique dans ses remarques sur *Alexandre*, *Oeuvres*, V, p. 329. Corneille aussi partagerait cette opinion à en croire sa lettre à Saint-Evremond dans laquelle il se moque de 'nos douceureux et nos enjoués' (avril 1668?), *Oeuvres complètes*, éd. Stegmann, p. 726.

autres personnages (vv. 1357-8). Le spectateur se voit donc présenter à diverses reprises des points de vue contradictoires sur Alexandre: il est à la fois admirable et méprisable(123).

Que dit le héros lui-même qui nous permette de le juger plus sûrement? On cherche en vain dans les discours d'Alexandre une image fixe de sa personne. Pourquoi est-il venu aux bords de l'Hydaspe? Si l'on pense aux cent messages secrets qu'il fait envoyer à la soeur de Taxile dans le camp ennemi (v. 50), si l'on se fie aux sentiments qu'il a peut-être suggérés à son ambassadeur Ephestion, on se convaincra facilement que tous ses efforts ont tendu à la conquête amoureuse de Cléophile (vv. 883-7). Cependant à d'autres moments il semble qu'Alexandre ait souffert 'd'un trou de mémoire', que ce soit uniquement la gloire militaire qui l'ait attiré vers l'Hydaspe. Ce n'est pas Cléophile qui l'a fait venir, c'est Porus (vv. 1049-54). Ce sont 'la gloire & le danger' qu'il est venu chercher (v. 1064) plutôt que l'amour. Evidemment les spectateurs ne s'étonnent pas qu'Alexandre ne dise pas à Axiane ce qu'il dit à Cléophile. Mais comment savoir quand il est sincère? Peut-on voir là un Racine coincé entre l'intérêt politique et l'intérêt galant de sa pièce?

Les mobiles d'Alexandre ne sont donc jamais très bien précisés. Les signes textuels dans les exemples cités ci-dessus semblent lui accorder un caractère double. Il faut que les spectateurs soient attentifs pour bien peser tous les différents points de vue sur Alexandre qui leur sont présentés. Même à la fin de la pièce, où l'on a tendance à croire résolument à la victoire morale d'Alexandre qui fait preuve d'une générosité triomphante envers Porus, on peut douter du caractère absolu de cette victoire. Il est vrai que les derniers dicours d'Axiane et de Porus semblent enfin nous autoriser à croire à un éloge sans réserve d'Alexandre. Les paroles d'Axiane débordent d'admiration pour le héros (vv. 1593-6) et Porus lui concède 'vne pleine Victoire' (v. 1601). L'important pour Axiane et Porus, c'est qu'Alexandre a fait voir, par son geste de générosité, des vertus qu'ils n'avaient pas pu lui reconnaître auparavant. Mais pour le spectateur averti le pardon de Porus peut avoir un arrière-goût désagréable. Tout au long de la pièce on a entendu parler des pardons qu'Alexandre a accordés aux rois vaincus, de la paix qu'il a conclue avec eux, et des conditions qui y sont attachées. Cependant qu'Alexandre tâche de se montrer l'ami des vaincus, il est toujours pour Axiane et Porus un tyran dont les vaincus deviennent les esclaves (vv. 183-8). Que Porus finisse par devenir lui aussi l'ami d'Alexandre peut faire penser à certains spectateurs qu'il fait contre mauvaise fortune bon coeur. Au reste, la fin de la pièce ne nous permet pas d'oublier que la victoire d'Alexandre a coûté la vie à Taxile. Les pleurs et le dernier discours de Cléophile peuvent sembler être la condamnation finale de la violence héroïque(124).

L'ambiguïté des personnages et la querelle du confident

D'autres personnages présentent une ambiguïté comparable à celle d'Alexandre. Taxile et Porus, Cléophile et Axiane expriment chacun des points de vue contradictoires sur le héros de la pièce; mais il y a d'autres ambiguïtés. Le problème de savoir si Porus et Axiane s'intéressent plus à l'amour qu'aux combats se résout si l'on partage l'opinion de P. Bénichou, à savoir que les valeurs guerrières et les valeurs amoureuses sont

---

(123) Les critiques d'Alexandre contenues dans la pièce sont relevées et commentées par Bruneau qui en fait une critique du pouvoir absolu, *Racine: le jansénisme et la modernité*, pp. 92-96.

(124) C'est l'opinion de D. Kuizenga, '*Mithridate*: A Reconsideration', 1978, p. 285.

inséparables, ou plutôt que celles-ci dépendent de celles-là(125). Mais Axiane semble moins certaine des valeurs guerrières dès qu'elle se croit coupable d'avoir envoyé Porus à la mort (IV.1). Cléophile et Taxile sont d'une ambiguïté plus impénétrable encore. Quel serait le but de Cléophile dans la pièce: de gagner un amant ou de sauver un frère? On entend des choses tellement contradictoires qu'on doit croire soit qu'elle ne le sait pas, soit qu'elle ment. Par exemple, Taxile lui dit:

> Ma Soeur, de vostre sort je vous laisse l'empire,
> Ie vous confie encore la conduite du mien. (vv. 858-9)

Une centaine de vers plus loin elle déclare à Alexandre: 'Seigneur, vous le sçauez, ie dépens de mon Frere' (v. 957). Soeur trop dévouée à son frère, ou menteuse? Quant à Taxile, est-il un traître méprisable (vv. 1485-90), ou un ami fidèle qui mérite un tombeau superbe (vv. 1613-6)? 'Dans son apparente simplicité, *Alexandre le Grand* est peut-être la tragédie la plus ambiguë que Racine ait produite'(126).

Or l'abbé d'Aubignac tenait à ce que le dramaturge fasse connaître tous les intérêts et les sentiments des personnages principaux afin d'augmenter le plaisir des spectateurs qui ont besoin de suivre de près les discours des personnages:

> Le Poëte ne doit mettre aucun Acteur sur son Theatre qui ne soit aussi-tost connû des Spectateurs, non seulement en son nom et en sa qualité; mais encore au sentiment qu'il apporte sur la Scéne: autrement le Spectateur est en peine, et tous les beaux discours qui se font lors au Theatre sont perdus; parce que ceux qui les écoutent, ne sçavent à qui les appliquer(127).

On sait que les spectateurs parisiens au milieu du dix-septième siècle étaient bien habitués au genre de pièce où les sentiments des personnages ne leur étaient pas connus, telles *Timocrate* de Thomas Corneille et *Astrate* de Quinault, pièces à succès toutes les deux, à en croire les recettes. Mais dans ces deux pièces il s'agit d'un mystère qui est finalement dévoilé, alors que dans *Alexandre* les mobiles des principaux personnages et l'image que nous en devrions former restent dans une certaine mesure mystérieux même au dernier vers de la pièce. Doit-on pour autant taxer Racine de négligence, de mauvaise dramaturgie?

Nous serions plutôt enclin à nous tourner vers la véritable querelle du confident qui s'est déclenchée après les premières représentations de *Sophonisbe* de Corneille (1663). Le jugement qu'a porté l'abbé d'Aubignac sur les deux confidentes de Corneille est sévère(128). L'essentiel de sa critique repose sur le fait que les confidentes n'ont rien d'intéressant à dire; les spectateurs ne les écoutent donc pas; ils préfèrent 's'entretenir de

---

(125) P. Bénichou, *Morales du grand siècle*, 1948, p. 217. C'est aussi le message des métaphores militaires qu'ils utilisent pour parler de leur amour dans I.3 et II.5.

(126) C. Spencer, *La Tragédie du prince*, 1987, p. 164. Nous avons trouvé très utiles les analyses suggestives de cette critique qui a prêté aux personnages d'*Alexandre* l'attention qu'ils méritent: voir pp. 161-97, 409-24.

(127) D'Aubignac, *La Pratique du théâtre*, éd. P. Martino, p. 272.

(128) *Dissertation sur Sophonisbe*, reproduite dans le deuxième tome du recueil de Granet (voir la bibliographie)

ce qui s'est passé, ... reposer leur attention, ou ... manger leurs confitures'(129). 'Le Théatre,' poursuit-il, 'tombe dans une langueur manifeste' (p. 141). Du reste, la critique de l'abbé vise non seulement les confidentes de Corneille dans *Sophonisbe* mais aussi le rôle du confident en général. Alors quelle serait pour le dramaturge la meilleure solution? Selon d'Aubignac, le dramaturge doit faire taire ses confidents, s'ils n'ont rien d'absolument essentiel à dire (p. 141). Quoi de surprenant que le jeune Racine, ayant bien lu les écrits de d'Aubignac(130), veuille tenter une expérience en rédigeant *Alexandre* sans confidents? Or dans les tragédies classiques les scènes entre un personnage principal et son confident offrent aux spectateurs le moyen le plus sûr de connaître les sentiments du protagoniste, qui selon l'usage ne mentira pas à son confident. Si l'on écarte les confidents, comme Racine l'a fait pour *Alexandre*, ce moyen de comprendre les intérêts des personnages nous est aussitôt retiré. D'où l'ambiguïté des protagonistes de cette pièce.

On pourrait estimer que Racine a mal jugé l'effet de l'absence des confidents. C'est en tout cas une expérience qu'il ne va pas répéter. En revanche on peut apprécier toute la richesse de ces personnages mystérieux, qui loin d'être des créations fades, comme le croit Picard(131), ont au contraire un côté tout à fait intéressant et énigmatique qui tient précisément à l'absence du confident.

L'absence du confident a donc une importance capitale pour l'interprétation et l'appréciation d'*Alexandre*. Tous les personnages expriment des opinions parfois incompatibles, invitent à des jugements contradictoires, et l'absence du confident rend très difficile la tâche du spectateur voulant établir une vérité fixe en ce qui concerne les protagonistes. Pour peser la signification de chaque remarque, il n'y a qu'une seule possibilité: il faut considérer toutes les circonstances dans lesquelles la remarque a été faite: qui parle? à qui? devant qui? dans quel contexte? C'est-à-dire qu'il faut une approche théâtrale.

QUALITES THEATRALES

Au dire de certains critiques, le théâtre de Racine n'est pas véritablement théâtral. 'Je ne sais,' écrit R. Barthes, 's'il est possible de jouer Racine aujourd'hui. Peut-être, sur scène, ce théâtre est-il aux trois quarts mort.(132)' Toutefois, comme l'explique J.-P. Sartre, une pièce de théâtre doit être théâtrale:

> Le théâtre, étant une entreprise coûteuse et dont le rendement doit être immédiat, exige qu'une pièce réussisse sur l'heure ou qu'elle disparaisse ... Un livre recrute peu à peu son public. Une pièce de théâtre est forcément 'théâtrale', parce que l'auteur sait qu'il se fera applaudir ou siffler sur-le-champ(133).

---

(129) *Dissertation*, p. 141.

(130) On sait que Racine possédait un exemplaire de *La Pratique du théâtre*, mais il a certainement lu aussi les *Dissertations*. Voir Barnwell, *The Tragic Drama of Corneille and Racine*, pp. 134-35.

(131) 'Ils ne suggèrent pas un monde intérieur, riche et vivant, dont les paroles ne seraient qu'une révélation incomplète et pauvre'; Racine, *Oeuvres complètes*, éd. Picard, I, p. 173.

(132) R. Barthes, *Sur Racine*, 1963, p. 143. Voir aussi A. Niderst, *Racine et la tragédie classique*, 1978, p. 125.

(133) J.-P. Sartre, 'L'Auteur, l'oeuvre et le public', dans *Un Théâtre de situations*, éd. M. Contat et M. Rybalka, p. 92.

Ce qui est vrai du vingtième siècle ne l'est pas moins du dix-septième. Une pièce doit avoir un impact immédiat sur l'esprit des spectateurs pour que ceux-ci s'intéressent à ce qu'ils voient sur scène pendant toute la durée de la représentation. La théâtralité concerne donc tous les aspects de la construction d'une pièce susceptibles d'éveiller et de renouveler l'intérêt des spectateurs: entre autres le traitement de l'intrigue à des fins de tension et de surprise, le développement du dialogue, et la façon dont le dramaturge envisage les aspects matériels de la scène (décor, accessoires, jeux de scène, entrées et sorties des personnages)(134). Plus encore que les autres pièces de Racine, *Alexandre* a souffert de jugements sévères portant sur sa théâtralité, ou disons plutôt sur son manque de qualités théâtrales(135). Il est temps d'apprécier dans *Alexandre* l'art de Racine technicien du théâtre.

L'intérêt verbal

Nous avons déjà montré dans notre étude des sources anciennes combien Racine était sensible à tout ce qui, dans ses sources, lui offrait matière à développer l'intrigue de façon intéressante. Une fois un cadre de l'intrigue mis en place, le dramaturge doit y placer des discours. C'est surtout en raison de ces discours que l'on tend à mettre en doute la théâtralité des dramaturges classiques. Pour expliquer la particularité du théâtre français, Dryden comparait les discours des personnages aux sermons des pasteurs anglais, mettant l'accent surtout sur leur longueur(136). Si les discours peuvent sembler au spectateur anglo-saxon peu dramatiques, donc plutôt ennuyeux, le spectateur français essaiera de les apprécier en relevant leurs qualités poétiques: c'est le cas de Victor Hugo pour qui 'Racine, divin poète est élégiaque, lyrique, épique', tandis que 'Molière est dramatique'(137). L'attitude de Hugo est partagée par des critiques plus récents, dont Niderst, qui pense qu'*Alexandre* est 'mélodieux et lyrique'(138). On peut, en effet, citer de beaux vers qui seront repris, quoique sous une forme modifiée, dans des pièces ultérieures. Les vers de Cléophile, si lents et dont l'écho se prolonge, ('Tant d'Estats, tant de Mers qui vont nous des-vnir,/ M'effaceront bien-tost de vostre souuenir.' vv. 943-44) ne font-ils pas penser à ceux de Bérénice ('Dans un mois, dans un an, comment souffrirons-nous,/ Seigneur, que tant de mers me séparent de vous?', *Bérénice*, vv. 1113-14)? Mais qu'on insiste sur l'ennui des longs discours ou qu'on insiste exclusivement sur leur caractère lyrique, on est bien loin d'apprécier la qualité théâtrale du dialogue racinien.

      P. Corneille et d'Aubignac s'accordaient pour affirmer que le personnage dramatique ne devait jamais ressembler à un poète: 'Ceux que le poète fait parler ne sont pas des poètes'(139) . Pour la simple raison que cela nuirait à la vraisemblance. Les discours sont, cependant, d'une importance capitale dans ce théâtre:

---

(134) Voir, entre autres ouvrages où il s'agit des aspects théâtraux du genre dramatique, l'étude générale de P. Larthomas, *Le Langage dramatique*, 1972.

(135) Voir, par exemple, Racine, *Oeuvres complètes*, éd. Picard, I, p. 173, ou Weinberg, *The Art of Jean Racine*, 65.

(136) 'Their actors speak by the hour-glass as our parsons do', cité par P. France, *Racine's Rhetoric*, 1965, p. 20

(137) V. Hugo, *Préface de Cromwell*, dans son *Théâtre complet*, éd. J.-J. Thierry et J. Mélèze, I, p. 440.

(138) *Racine et la tragédie classique*, p. 104.

(139) Corneille, *Oeuvres complètes*, éd. Stegmann, p. 827. Voir aussi d'Aubignac, *La Pratique du théâtre*, p. 28.

> toute la Tragédie, dans la Representation ne consiste qu'en Discours;
> c'est là tout l'ouvrage du Poète, et à quoy principalement il employe les
> forces de son esprit; et s'il fait paroistre quelques actions sur son
> Theatre, c'est pour en tirer occasion de faire quelque agréable discours;
> tout ce qu'il invente, c'est afin de le faire dire(140).

Si tout est discours et si les discours ne sont pas poésie, d'où vient leur intérêt
dramatique? Corneille et d'Aubignac nous éclaircissent sur ce point. D'abord,
d'Aubignac: 'les Discours qui s'y font, doivent estre comme des Actions de ceux qu'on y
fait paroistre; car là *Parler*, c'est *Agir*'(141). Et Corneille: 'Les actions sont l'âme de la
tragédie, où l'on ne doit parler qu'en agissant et pour agir'(142). La critique récente s'est
souvent méprise sur le sens de la célèbre formule de l'abbé d'Aubignac, '*Parler*, c'est
Agir': soit on la trouve tellement claire qu'elle ne nécessite aucune explication(143), soit
on pense y voir l'expression du triomphe du récit dans le théâtre classique, le discours
remplaçant l'action visible pour obéir aux bienséances(144). Mais d'Aubignac est loin de
prétendre que les paroles sont un substitut de l'action; pour lui, les paroles sont l'action.
Il tente en effet de nous faire comprendre ce qu'il peut y avoir de véritablement théâtral
dans les discours des personnages dramatiques. L'observation de Corneille est encore
plus explicite. Ce qu'il faut, sur la scène, ce sont des discours *actifs*, c'est-à-dire que
chaque protagoniste doit se servir de l'art de la persuasion pour agir sur son interlocuteur
dans l'espoir d'atteindre son but personnel(145). C'est un genre de discours qui se
rencontre dans le théâtre de toutes les époques, mais qui a peut-être atteint son apogée
dans la deuxième moitié du dix-septième siècle en France. Tout ce qu'il peut y avoir de
lyrique, de poétique dans les pièces du jeune Corneille et de Rotrou tendra à disparaître
au cours des années sous l'influence dominante du discours *actif*. Du reste, dans une de
ses annotations du théâtre d'Euripide, Racine montre qu'il a bien appris les leçons de
d'Aubignac et de Corneille sur le discours théâtral, puisqu'il y critique des vers lyriques
des *Phéniciennes*: 'Tout ceci n'est point de l'action; mais le poète a voulu imiter une
chose qui est belle dans Homère, l'entretien d'Hélène et de Priam sur les murs de
Troie'(146).

C'est dans le contexte de l'apparition du discours *actif* qu'il convient d'aborder la
théâtralité des discours dans *Alexandre*. Cette conception du discours a pour but de
présenter au spectateur une véritable bataille d'orateurs et de cette bataille verbale naît la
tension dramatique, chaque personnage poursuivant, plus ou moins bien, mais toujours
vigoureusement, toute une variété de stratégies rhétoriques ou persuasives. L'intérêt pour
le spectateur est de suivre de près chaque stratégie mise en oeuvre et d'attendre avec
impatience ce qui en résultera. Or si l'on écarte les confidents, comme Racine l'a fait
dans *Alexandre*, il y a un champ plus libre pour de passionnantes batailles entre les
protagonistes.

---

(140) D'Aubignac, *La Pratique*, p. 283.
(141) D'Aubignac, *La Pratique*, p. 282.
(142) Corneille, *Oeuvres complètes*, éd. Stegmann, p. 827.
(143) Par exemple, P. France, *Racine's Rhetoric*, p. 31.
(144) M. Flowers, *Sentence Structure and Characterization in the Tragedies of Jean Racine*, 1979, p. 35.
(145) Pour une interprétation plus détaillée du rôle du discours dans la théorie dramatique, voir M. Hawcroft,
'Verbal Action and Rhetoric in the Tragedies of Jean Racine', 1988, 1er chapitre.
(146) *Les Phéniciennes*, v. 119. Racine, *Oeuvres complètes*, éd. Picard, II, p. 876.

Le premier acte nous jette dans ce monde où règne le pouvoir du verbe. Un résumé des 'actes verbaux' des personnages peut mettre en lumière l'importance de la persuasion. Cléophile essaie tout au début de persuader Taxile de ne pas combattre contre Alexandre: elle insiste d'abord sur les éventuelles conséquences catastrophiques de cette action (vv. 5-8), mais Taxile y oppose l'argument selon lequel il ne faut pas trahir ses alliés (vv. 13-20); le distinguant de ses alliés, Cléophile montre qu'Alexandre s'intéresse surtout à Taxile (vv. 25-28), mais Taxile ne s'en trouve pas flatté (vv. 29-36); ensuite elle fait appel aux sentiments fraternels de Taxile, lui peignant l'amour qu'elle a conçu pour Alexandre (vv. 47-60), mais Taxile a son propre amour pour Axiane, qui exige qu'il combatte contre Alexandre (vv. 70-78); pour appuyer son argument, la cruelle Cléophile lui décrit son rival Porus qu'elle dit aimé par Axiane (vv. 79-84, 85-96), ce qui ébranle le courage de Taxile (vv. 97-103); profitant de son avantage Cléophile fait voir à son frère tout ce que lui ôte son appui de Porus, et tout ce que lui peut apporter l'amitié d'Alexandre (vv. 104-22). Sans savoir si Taxile a changé d'avis, les spectateurs voient Cléophile partir pour céder sa place à Porus: la bataille recommence. Cette fois, c'est Porus qui fournit tous les arguments en faveur du combat contre Alexandre, et Taxile qui essaie de le retenir. Sans pouvoir infléchir l'attitude de Porus, Taxile fuit, exaspéré, lorsqu'il voit Axiane qui s'approche. Sa fuite inquiète la reine, qui essaie de persuader Porus de ne pas combattre sans son allié, promettant d'agir elle-même 'sur l'esprit de Taxile' (v. 346). Le consentement de Porus à la fin de l'acte a quelque chose de menaçant: quels que soient les résultats des efforts d'Axiane auprès de Taxile et de l'ambassade d'Ephestion auprès de Taxile et de Porus, ce dernier va combattre. Sans entrer dans les détails de toutes les stratégies rhétoriques des personnages, on voit tout ce qu'il y a de dramatique dans leurs actes persuasifs. C'est le type même de l'exposition dynamique chez Racine, où tout ce qu'il faut pour l'intelligence de l'intrigue est offert au spectateur dans un cadre conflictuel, donc passionnant. En effet, dans *Alexandre*, parler, c'est agir sur autrui. Nous ne saurions dire avec Picard que, dans cette pièce, il n'y a aucun 'combat véritable, aucun conflit'(147). Au contraire, il y a conflit partout.

Toutefois, le plaisir du spectateur dépend dans une large mesure de sa connaissance des intérêts des personnages, ce qui lui permettrait de bien goûter toutes les stratégies qu'ils emploient pour atteindre leur but. Cependant, dans ce domaine, tout n'est pas parfait dans *Alexandre*. En écartant les confidents, nous l'avons bien vu plus haut, Racine s'est privé du moyen le plus sûr de transmettre au spectateur les véritables mobiles et intérêts des protagonistes. A les ignorer, on risque tout au moins de ne pas apprécier tous les discours, ou, ce qui serait pire, de ne rien comprendre du tout aux activités et aux intentions des personnages. La plupart du temps l'absence du confident ne nous prive pas du plaisir d'observer les stratégies persuasives des protagonistes. On peut deviner ce qui les pousse à parler d'une certaine façon, même si l'on n'en est jamais certain. Mais il y a des fois où le manque d'explication des mobiles d'un personnage devient un obstacle à l'appréciation de ses discours. C'est peut-être le cas pour Cléophile, qui au début du dernier acte commence à défendre Porus devant Alexandre, qui est tout prêt à punir son ennemi (vv. 1322-30). Cette défense est d'autant plus surprenante que le sort de Taxile auquel Cléophile s'intéresse doit rester incertain tant que Porus vivra (vv. 1321-24). La stratégie de Cléophile nous paraît incompréhensible: on ne comprend pas pourquoi elle défend Porus. Pourtant, certaines obscurités mises à part, Racine se consacre avec enthousiasme à la poursuite du discours *actif* et théâtral.

---

(147) Racine, *Oeuvres complètes*, éd. Picard, I, p. 173.

Le meilleur exemple en serait peut-être la scène où trois personnages deviennent de véritables orateurs (II.2). Même Louis Racine, qui trouve beaucoup à reprendre dans *Alexandre*, admire cette scène(148). Ephestion vient de la part d'Alexandre offrir la paix aux deux rois indiens. C'est la dernière tentative pour éviter le combat. Annoncée dans la deuxième scène de la pièce (v. 136), discutée dans la troisième (vv. 341-44), imminente au début du deuxième acte (vv. 345-46), cette confrontation verbale a été longtemps attendue par les spectateurs. Racine sait bien stimuler notre curiosité. Il a su aussi nous préparer à bien suivre tous les arguments qui seront exposés, nous ayant montré l'attitude plutôt lâche de Taxile, qui veut accepter la paix (I.2), l'attitude contraire de Porus acharné contre Alexandre (I.2-3), et l'attitude très spéciale d'Ephestion, qui veut paraître les persuader tous deux d'accepter la paix, tout en s'intéressant, en réalité, au seul Taxile (II.1). Le premier discours de l'ambassadeur suit les préceptes des rhétoriciens pour ce qui est de la *disposition*. Il y a un *exorde* (vv. 453-56), suivi d'une *narration* (vv. 457-60), d'une *confirmation* (vv. 461-76), et d'une *péroraison* (vv. 477-80). Bon orateur, en apparence, Ephestion parle pourtant sur un ton condescendant. Certes il offre la paix aux deux rois, mais sans prendre la peine de les convaincre des avantages de cette offre; il insiste plutôt sur la grandeur d'Alexandre et sur la menace qu'il représente. Comment Taxile va-t-il répondre, étant donné qu'il veut accepter l'offre, mais qu'il veut que Porus l'accepte aussi? Cela demande de la diplomatie. Sans refuser la paix et sans aliéner Porus, il essaie de redéfinir les conditions de l'offre: il veut bien accepter la paix, mais à condition de devenir le partenaire d'Alexandre et non pas son esclave. La politesse superficielle qui a prévalu jusqu'ici se dissipe rapidement dès que Porus prend la parole pour montrer qu'il n'accepte aucunement la réponse de Taxile. Le débat devient passionné. Porus se montre immédiatement agressif, reprochant à Taxile sa lâcheté et rejetant les desseins barbares d'Alexandre. En fait Porus ne lui épargne pas la 'démolition' du caractère d'Alexandre assoiffé de pouvoir et ivre d'orgueil. C'est donc avec d'autant plus de condescendance que l'ambassadeur lui répond avant que Porus ne l'interrompe pour continuer la 'démolition' du personnage du conquérant. Le but de Porus est de rapprocher le moment où il pourra partir combattre contre Alexandre. La colère et les insultes sont peut-être le moyen le plus efficace d'y parvenir. Porus réussit à obtenir le droit de combattre quand l'ambassadeur l'interrompt pour affirmer la gloire d'Alexandre pour la dernière fois avant de sortir, menaçant Porus d'une défaite imminente. L'intérêt des spectateurs au cours d'une telle scène dépend dans une très large mesure de l'attention qu'ils prêtent aux stratégies verbales des personnages, puisque l'action théâtrale est composée d'une série d'actes de persuasion. L'abbé d'Aubignac a bien décrit l'intérêt des scènes de délibération comme celle-ci. Une délibération, dit-il, doit être

> tellement attachée au sujet du Poème, et ceux qui donnent conseil si fort interessez en ce qu'ils se proposent, que les Spectateurs soient pressez du desir d'en connoistre les sentimens; parce qu'alors ce n'est plus un simple conseil, mais une Action Theatrale; et ceux qui donnent avis ne sont pas de simples Discoureurs, mais des gens qui agissent dans leur propre Faict où méme ils tiennent le Spectateur engagé(149).

---

(148) 'Cette scène, pour la grandeur des choses et la beauté des choses, est comparable aux scènes les plus vantées', L. Racine, *Oeuvres*, V, p. 339.
(149) *La Pratique*, p. 310.

Cependant ces scènes de délibération ne sont pas limitées aux seuls moments où les personnages se comportent en orateurs proprement dits, tels Ephestion et les deux rois dans *Alexandre*. Si parler, c'est agir, c'est que la plupart des activités de tous les personnages sont des activités d'orateur. Tous les personnages veulent persuader ou dissuader, accuser ou défendre, dans l'espoir d'atteindre leur but personnel, même si ce but n'est pas toujours tout à fait clair pour le spectateur. A l'exception de la confrontation entre Alexandre et Cléophile (III.6), qui manque peut-être de vigueur persuasive et qu'un critique moderne a qualifiée de 'dissertation peu dramatique sur l'amour'(150), toutes les scènes sont, comme Racine lui-même l'a dit dans sa première préface, 'bien remplies' (l. 59), et remplies d'activités persuasives qui saisissent l'attention des spectateurs. Axiane accuse Taxile d'avoir fait d'elle sa prisonnière, et Cléophile essaie de défendre son frère (III.1); Taxile essaie de convaincre Axiane de son amour, malgré les accusations persistantes de la reine (III.2); Axiane s'accuse elle-même, dans un monologue, d'avoir envoyé Porus à la mort sans lui avoir révélé qu'elle l'aimait (IV.1); les accusations d'Axiane continuent, d'abord lancées contre Alexandre (IV.2), ensuite contre Taxile (IV.3); Cléophile veut persuader Alexandre de ne pas la quitter et de protéger son frère (V.1); et Alexandre veut persuader Axiane de se soumettre à Taxile (V.2). Le discours racinien n'est ni un sermon dialogué, ni une suite d'élégies; c'est un dialogue théâtral, où les activités des personnages sont essentiellement des efforts pour dominer autrui par le moyen du verbe. C'est ce que les personnages eux-mêmes nous disent à plusieurs reprises. Cléophile se vante à Taxile de l'efficacité de ses paroles:

> Vous aurez tout pouuoir, ou je ne pourray rien.
> Tout va vous obeïr, si le Vainqueur m'écoute. (vv.860-61)

Alexandre, lui aussi, met toute sa confiance dans la rhétorique:

> Madame, allons fléchir vne fiere Princesse,
> Afin qu'à mon amour Taxile s'intéresse. (vv. 981-82)

Les personnages sont conscients des procédés rhétoriques qu'ils utilisent et cette conscience, comme l'a bien montré H. Phillips(151), contribue énormément à l'intérêt théâtral et dramatique des tragédies de Racine.

L'intérêt visuel

A l'exception de l'article de Phillips et de notre thèse de doctorat, la critique n'a pas prêté grande attention à la théâtralité du discours racinien. Les aspects matériels de la théâtralité, pour leur part, ont été presque entièrement négligés. Même Phillips met l'accent uniquement sur le discours: 'The implied austerity of setting ... and the complete disregard of physical appearance ... enhance the isolation of speech as the central preoccupation of Racine's plays' (p. 37). Il nous semble pourtant que la lecture de ses pièces révèle un Racine attentif non seulement au côté verbal mais aussi au côté visuel de

---

(150) C. Abraham, *Racine*, 1977, p. 43.
(151) H. Phillips, 'The Theatricality of Discourse in Racinian Tragedy', 1989, p. 37.

la théâtralité(152).

Tout au long de la représentation les spectateurs des tragédies de l'époque voyaient sur la scène un certain décor. La tradition veut que les tragédies de Racine se déroulent dans un lieu banal, une antichambre(153), mais D. Maskell a su montrer la fausseté de cette perspective, soutenant que Racine s'est beaucoup intéressé au décor de ses pièces et qu'il a su en tirer de puissants effets dramatiques(154). Le traitement du décor dans *Alexandre* est peut-être moins sûr qu'il ne le sera dans les pièces ultérieures, mais il n'est tout de même pas exact de dire que les éléments spatiaux font défaut dans cette pièce(155), et que les personnages 'apparaissent dans une atmosphère d'abstraction extrême et de généralité'(156), et même que le paysage manque de forme et de couleur(157). Le lecteur oublie trop facilement que 'La Scene est sur le bord de l'Hydaspe, dans le camp de Taxile'(158), et que les premiers spectateurs ont pu voir sur la scène 'des tentes de guerre et pavillons'(159). Il est impossible de dire si le décor représentait l'intérieur d'une tente ou non: les indications de Racine et du décorateur à cet égard nous invitent à imaginer une scène en plein air comme celle qu'illustre la gravure de Chauveau (voir le frontispice), tandis que Louis Racine pense plutôt que tout se passe dans la tente de Taxile(160). Quoi qu'il en soit, il apparaît que l'atmosphère militaire de la pièce avait sa contrepartie visuelle pour les spectateurs du dix-septième siècle. De temps en temps les discours des personnages viennent renforcer cette atmosphère. Porus évoque les soldats dans les coulisses et leur désir de quitter le camp où ils se morfondent:

> Nos chefs & nos Soldats bruslans d'impatience,
> Font lire sur leur front vne masle asseurance. (vv. 129-30)(161)

Du reste, il ne faut jamais oublier que c'est bien le camp de Taxile où se trouvent les personnages(162). Racine sait profiter de cette particularité pour donner au lieu représenté une nouvelle connotation au début du troisième acte quand on apprend qu'il est interdit à Axiane de quitter le camp: 'en ces lieux on me tient enfermée?' (v. 685), 'Taxile de son Camp me fait vne Prison?' (v. 688). Les associations d'idées provoquées par ce lieu deviennent ensuite le sujet d'un débat entre Axiane et Cléophile, celle-ci soutenant que c'est pour la sûreté d'Axiane qu'on lui défend d'en sortir: 'Vn plein calme en ces lieux asseure vostre teste' (v. 702). Cependant Axiane veut quitter sa prison: 'Ah

---

(152) Nous signalons ici l'ouvrage de D. Maskell, *Racine: A Theatrical Reading* (à paraître chez Oxford University Press), qui révélera un Racine véritablement homme de théâtre. Les paragraphes suivants doivent beaucoup à nos discussions avec D. Maskell.

(153) Voir par exemple V. Hugo, *Préface de Cromwell*, dans *Théâtre complet*, éd. Thierry et Mélèze, I, p. 428.

(154) D. Maskell, 'La Précision du lieu dans les tragédies de Racine', dans le volume des *Vinaver Studies in French* consacré à Racine (à paraître).

(155) J.C. Lapp, *Aspects of Racinian Tragedy*, 1955, p. 66.

(156) A. Adam, *Histoire de la littérature française au XVIIe siècle*, 1948-56, IV, p. 310.

(157) R.C. Knight, *Racine et la Grèce*, p. 295.

(158) Racine, à la fin de la liste des personnages, p. 6.

(159) *Le Mémoire de Mahelot*, éd. H.C. Lancaster, p. 112. Voir aussi la remarque sur le décor du témoin oculaire, Robinet, citée à la page viii de la présente édition.

(160) *Oeuvres*, V, pp. 323, 342

(161) Voir aussi vv. 270-71, 708, 985.

(162) Le camp de Porus est situé ailleurs. Axiane lui dit: 'Après dans vostre Camp j'attendray vostre sort' (v. 668).

de ce camp, Madame, ouurez-moy la barriere...' (v. 738). Décor, discours, et ambiance scénique sont ici tous entrelacés(163).

Le texte nous fait voir un Racine qui s'intéresse, dans une certaine mesure du moins, au décor de sa pièce, mais à en juger par toutes les indications scéniques qu'il a incorporées dans les discours mêmes de ses personnages, il s'occupe d'autres aspects de la mise en scène. On sait que Racine, comme, du reste, la plupart de ses contemporains, a été fort économe de didascalies, dont l'usage est déconseillé par d'Aubignac(164). Pourtant, Racine, peut-être plus que ses rivaux, a fourni de nombreuses indications scéniques implicites, qui font bien voir l'intérêt qu'il portait à ce que les spectateurs voyaient sur la scène.

Un certain nombre d'indications porte sur l'expression faciale de l'acteur, et aussi, quoique ce ne soit pas un élément visuel, sur le ton de voix. On sait que plus tard dans sa carrière Racine allait s'intéresser de près à la façon dont ses acteurs déclamaient leurs vers(165). Cependant, même dans *Alexandre*, certains vers semblent produire un effet dramatique qui dépendrait du jeu de l'acteur. Ces effets se trouvent surtout au moment de l'entrée ou de la sortie d'un personnage - moment qui présente nécessairement un intérêt visuel. Taxile, voyant arriver Porus qui va essayer de lui persuader de combattre, dit:

> Ah, ma Soeur, ie me trouble, & mon coeur alarmé,
> En voyant mon Riual, me dit qu'il est aimé. (vv. 123-34)

'L'alarme' doit s'entendre dans la voix de Taxile, comme elle doit se lire sur son visage et dans le regard qu'il jette à Porus, tandis que celui-ci peut avoir l'air satisfait. Cette inquiétude et cet échange de regards créent une certaine tension qui inaugure bien la scène suivante (I.2), qui s'achèvera quand Taxile verra Axiane qui s'approche. Les premiers mots de la reine nous instruisent sur la façon dont Taxile quitte la scène: 'QVoy, Taxile me fuit?' (v. 265). C'est un départ hâtif; Taxile est soucieux de ne pas avoir à confronter la reine qu'il aime et qui ne l'aime pas. Au début du troisième acte le débat entre Cléophile et Axiane finit par se concentrer sur la question de savoir qui, d'Alexandre ou de Porus, sera victorieux dans le combat. L'arrivée de Taxile va fournir la réponse. Le texte nous invite à imaginer les deux femmes qui scrutent le visage de Taxile, pendant qu'il s'approche, pour y lire l'issue du combat. Axiane le lit avec la plus grande attention:

> Ah je n'en doute plus, & ce front satisfait
> Dit assez à mes yeux que Porus est défait. (vv. 759-60)

Effectivement, le visage de Taxile trahit tout: Axiane a raison de croire à la défaite de Porus. L'arrivée d'Alexandre victorieux peut manquer d'impact sur la page imprimée. L'indication qu'il arrive avec sa 'suitte' (III.4) peut sembler peu importante, mais, sur la scène, la suite d'Alexandre est le symbole visible de sa grandeur. Les entrées et les sorties des personnages, le visage des acteurs et leur ton de voix jouent un rôle important dans la théâtralité racinienne.

---

(163) D. Maskell, dans 'La précision du lieu', donne plus de détails sur les éléments spatiaux dans *Alexandre*.
(164) *La Pratique*, pp. 52-63.
(165) Voir P. France, *Racine's Rhetoric*, p. 40.

Il y a pourtant des effets encore plus frappants que Racine a certainement voulus, mais qu'on risque de ne pas remarquer à moins de lire le texte avec 'des yeux pour découvrir dans la lecture tout le jeu du théâtre'(166). A la fin du deuxième acte Porus annonce à Axiane sa résolution de combattre même sans l'armée de Taxile. Il essaie ensuite de lui persuader de lui déclarer son amour. Axiane évite de faire cette déclaration, puisqu'elle invite Porus par deux fois à la quitter (vv. 665, 682). Ce n'est qu'en lisant le monologue pathétique d'Axiane au début du quatrième acte, lorsqu'elle croit son amant mort, que le lecteur trouvera des indications qui se rapportent à la dernière scène du deuxième acte. Axiane revit dans son imagination ses derniers moments avec Porus:

> Helas! en me quittant, ton ardeur redoublée
> Sembloit préuoir les maux dont ie suis accablée,
> Lors que tes yeux aux miens découurant ta langueur,
> Me demandaient quel rang tu tenois dans mon coeur. (vv. 997-1000)

Il est clair que, dans la scène antérieure, quoique les personnages se parlent, tous leurs discours doivent être appuyés par des regards langoureux, et non seulement par des regards mais aussi par des soupirs. Axiane poursuit:

> Combien de fois tes yeux forçant ma resistance
> Mon coeur s'est-il veû prest de rompre le silence?
> Combien de fois sensible à tes ardens desirs
> M'est-il en ta présence échapé des soûpirs? (vv. 1005-08)

Il apparaît ainsi que les indications scéniques peuvent être rétrospectives.

L'exemple ci-dessus nous permet de saisir un aspect important de la théâtralité racinienne, à savoir que le côté verbal et le côté visuel, très souvent, se complètent. Cette complémentarité est surtout mise en évidence dans la scène de l'ambassade (II.2). Nous avons montré plus haut l'intérêt verbal de cette confrontation, mais cet intérêt est étayé aussi par plusieurs détails visuels. Le *Mémoire de Mahelot* nous apprend qu'il faut, dans *Alexandre*, deux fauteuils et un tabouret(167), à l'usage, évidemment, des deux rois et de l'ambassadeur dans cette scène. Racine se tait sur ce qui se passe tout au début de la scène, mais après l'arrivée de Taxile et de Porus, et avant qu'Ephestion ne prenne la parole, il faut que les trois personnages s'asseyent sur les sièges qui marquent leur rang social. Le débat devient de plus en plus passionné, Porus irritant Ephestion, qui est tout prêt à laisser voir son irritation par des remarques pleines d'ironie (vv. 557-60). L'ambassadeur continue:

> Ie ne vous retiens point. Marchez contre mon Maistre. (v. 561)

C'est une phrase qu'il ne sied pas à un ambassadeur d'adresser à des rois. Il faut tout au moins qu'Ephestion montre ici qu'il s'impatiente, qu'il veut quitter la scène. Il pourrait même peut-être commencer à se lever. Cependant il doit rester assis pour écouter le long discours de Porus qui suit et qu'il interrompt lui-même, par des mots abrupts et par une action inattendue: il ose se lever avant les rois, tout inférieur que soit son statut social (v.

(166) Molière, *Oeuvres complètes*, éd. G. Couton, II, p. 95 (*L'Amour médecin*, 'Au lecteur').
(167) *Le Mémoire de Mahelot*, éd. Lancaster, p. 112.

593). Son départ fougueux marque la fin de tout espoir de paix. Encore une fois Racine a bien vu ce qu'il voulait mettre sur la scène.

L'intérêt tragique

C'est bien le tragique que tout le monde veut trouver dans les tragédies de Racine, et que personne n'a trouvé dans celle-ci. Pour P. Yarrow, comme pour R. Barthes, *Alexandre* est une pièce dont le dénouement est heureux et qui n'est aucunement tragique(168). Or, le tragique est, de nos jours, surtout un concept abstrait que l'on a défini de plusieurs manières(169), mais, à notre avis c'est dans la perspective de la théâtralité qu'il convient le mieux d'aborder la question du tragique dans l'oeuvre de Racine. Pour le dramaturge, le tragique était certainement une expérience théâtrale, résidant dans les passions des personnages et dans leur effet sur les spectateurs. Racine allait souvent se flatter dans les préfaces de ses pièces ultérieures des pleurs abondants qu'il a su faire verser à ses spectateurs:

> La principale règle est de plaire et de toucher ... [Que mes critiques] se réservent le plaisir de pleurer et d'être attendris(170).

Les émotions tragiques par excellence étaient, comme tout le monde le sait, la pitié et la crainte. Et Racine accompagnait toutes les éditions de ses *Oeuvres* d'un frontispice qui représentait ces émotions de façon allégorique: l'image est renforcée par la devise grecque 'Φόβος καὶ "Ελεος' (crainte et pitié). En effet les personnages d'*Alexandre* se trouvent souvent dans des situations où ils peuvent inspirer de la pitié ou de la peur aux spectateurs soit par leurs discours, soit par des discours renforcés par des jeux de scène. Cléophile a peur de voir souffrir son amant (v. 445); elle en parle même avec Alexandre (vv. 901-06). Axiane inspire de la pitié en pleurant devant Alexandre (vv. 1033-36); ces pleurs sont évoqués à plusieurs reprises dans cette scène, et dans la scène suivante avec Taxile (vv. 1040, 1165, 1210). Cependant, c'est au dernier acte que revient l'honneur de nous offrir les larmes les plus copieuses. Il est vrai qu'Axiane recommence à pleurer (v. 1430), mais ses pleurs ne comptent pour rien quand Porus reparaît et qu'Ephestion raconte la mort de Taxile. A Cléophile de pleurer, à son tour (v. 1521), et l'on oublie trop facilement que les pleurs de Cléophile qui regrette son frère forment l'arrière-plan sur lequel Alexandre s'efforce d'agir en héros généreux (vv. 1529, 1579, 1612; voir aussi le frontispice). La note finale n'est pas celle du triomphe absolu d'Alexandre. Loin d'être heureuse, Cléophile a 'vn coeur triste, abbattu' (v. 1607); elle rejette toute perspective de bonheur:

> Mais ne me pressez point. En l'estat où ie suis
> Ie ne puis que me taire & pleurer mes ennuis. (vv. 1611-12)

(168) P. Yarrow, *Racine*, pp. 92-93; R. Barthes, *Sur Racine*, p. 60.
(169) Voir J. Truchet, *La Tragédie classique en France*, 1975, pp. 173-85.
(170) Racine, *Oeuvres complètes*, éd. Picard, I, p. 467.

Voici, en effet, la 'tristesse majestueuse' que Racine allait mettre en lumière dans la préface de *Bérénice*(171). Inutile de dire, comme certains critiques l'ont fait, que Taxile a été trop lâche pour mériter des pleurs(172). Les pleurs de Cléophile sont pour Taxile, comme le sont aussi ceux d'Alexandre (v. 1613), qui, du reste, rendent légitimes ceux de Cléophile. La dernière image que nous laisse la pièce n'est pas celle de la gloire militaire, mais celle de la souffrance humaine provoquée par la gloire militaire.

LE TEXTE

I: LES EDITIONS REVUES PAR RACINE

Il n'existe pas de manuscrit d'*Alexandre*. Du vivant de Racine ont paru cinq éditions qui contiennent des variantes notables: deux éditions séparées d'*Alexandre* (A, B) et trois éditions de la pièce dans les *Oeuvres complètes* de l'auteur (C, D, E). Dès 1666 d'autres éditions non autorisées et plusieurs réimpressions ont vu le jour. Nous nous abstiendrons d'en parler ici, renvoyant le lecteur au travail bibliographique de Guibert(173), et à notre étude sur le texte d'*Alexandre*(174). Nous avons consulté plusieurs exemplaires de chaque édition pour relever les éventuelles variantes de presse. Voici ceux qui ont fourni nos leçons de base(175):

A. ALEXANDRE/ LE GRAND./ *TRAGEDIE.* / (Fleuron: Médaillon représentant l'Envie terrassée, avec une banderole portant les mots VIRTVS INVIDIAM SVPERAT)/ A PARIS,/ Chez THEODORE GIRARD, dans la Grand'/ Salle du Palais, du costé de la Cour des Aydes,/ à l'Enuie./ (filet)/ M.DC.LXVI./ *AVEC PRIVILEGE DV ROY*.
Collation: In-12: ã⁶, e⁶, A-F⁶ <$3 signatures, chiffres romains; erreurs de signature C4,D4, F4 signés; E3 sans signature>; 48 feuillets; pp.*1-24* 1-60 73-84 <= *61-72*>.
Bibliothèque Nationale: Rés. Yf 3205

B. ALEXANDRE/ LE GRAND./ *TRAGEDIE.*/ (Fleuron: coupe de fruits)/ A PARIS,/ Chez PIERRE TRABOVILLET, dans la/ Gallerie des Prisonniers, à la Fortune./ (filet)/ M.DC.LXXII./ *AVEC PRIVILEGE DV ROY*.
Collation: In-12: ã⁶, A-C¹² <$6 signatures, chiffres romains; erreurs de signature ã3 signé ã2>; 42 feuillets; pp. *1-12* 1-71 72.
British Library: C.30.a.20.

C. OEUVRES/ DE/ RACINE./ TOME PREMIER./ (Fleuron: volutes avec têtes de sirènes)/ A PARIS,/ Chez CLAUDE BARBIN, au Palais,/ sur le Perron de la Sainte Chapelle./ (filet)/ M.DC.LXXVI.
<Ce tome comporte *La Thebaïde, Alexandre le Grand, Andromaque, Britannicus, Les Plaideurs*>

---

(171) Racine, *Oeuvres complètes*, éd. Picard, I, p. 465.
(172) 'The death of Taxile, about whom no one cares, is a convenient way of bringing about a happy ending': P. Yarrow, *Racine*, p. 93.
(173) A.J. Guibert, *Bibliographie des oeuvres de Jean Racine*, 1968, pp. 19-27.
(174) 'The Shape of Things to Come'.
(175) En ce qui concerne les *Oeuvres complètes*, nous ne décrivons que le premier volume, où paraît *Alexandre*.

Collation: In-12: ã⁴, A-Z⁸⁻⁴, 2A⁴, 2B⁶, 2C-2G⁸⁻⁴ <$4-2 signatures, chiffres romains; erreurs de signature G4 signé G3, I4 signé I3, N4 signé N3; F2, P4, T2, 2C1, 2C3, 2C4, 2D2, 2E2 sans signatures; S3, S4, 2A3, 2B3, 2F3 signés>; 186 feuillets; pp. *1-8* 1-66 *67-68* 69-138 *139-140* 141-191 200 <=*192*> 193-218 *219-221* 222-248 149 <=*249*> 250-300 *301-2* 303-364.
Bibliothèque Nationale: Rés. Yf 3216

<Nous aurons également lieu de citer quelques variantes relevées dans plusieurs autres exemplaires de cette édition, dont le premier tome des *Oeuvres complètes*, daté de 1675, qui est conservé à la Bibliothèque Municipale de Versailles: Rés. Lebaudy In-12 347.>(176)

D.   OEUVRES/ DE/ RACINE./ TOME PREMIER./ (Fleuron: tête surmontée de motifs floraux)/ A PARIS,/ Chez PIERRE TRABOUILLET, au Palais,/ dans la Gallerie des Prisonniers, à l'image/ S. Hubert; et à la Fortune, proche/ le Greffe des Eaux et Forests./ (filet)/ M.DC.LXXXVII./ *AVEC PRIVILEGE DU ROI.*
<Ce tome comporte les mêmes pièces que le premier tome de l'édition de 1676.>
Collation: In-12: ã⁴, ẽ², A-Z⁸⁻⁴, 2A-2G⁴⁻⁸, 2H⁴, 2I² <$4-2 signatures, chiffres romains; erreurs de signature R4 signé P4; F2, G1, N3, T4, 2C2, 2E2, 2F2, 2I2 sans signatures; 2H3 signé>; 192 feuillets, pp. *1-12* 1-66 *67-68* 69-72 *73-74* 75-140 *141-2* 143-8 *149-150* 151-222 *223-4* 225-230 *231-2* 233-306 *307-8* 309-312 *313-4* 315-372.
Taylor Institution Library, Oxford: Arch.8 F1687

E.   OEUVRES/ DE/ RACINE./ TOME PREMIER./ (Fleuron: corbeille de fleurs)/ A PARIS,/ Chez CLAUDE BARBIN, sur le/ second Perron de la Sainte/ Chapelle./ (filet)/ M.DC.XCVII./ *AVEC PRIVILEGE DU ROY.*
<Ce tome comporte *La Thebaïde, Alexandre le Grand, Andromaque, Britannicus, Bérénice, Les Plaideurs*>
Collation: In-12: ã⁴, ẽ², A-Z⁸⁻⁴, 2A-2P⁴⁻⁸, 2Q⁴, 2R² <$4-2 signatures, chiffres romains; erreurs de signature F2, G1, N3, T4, 2C2, 2D3, 2K3 sans signatures; 2C3, 2P3, 2Q3 signés>; 240 feuillets; pp.*1-12* 1-66 *67-68* 69-72 *73-74* 75-140 *141-2* 143-8 *149-150* 551 <=*151*> 152-222 *223-4* 225-230 *231-2* 233-306 *307-8* 309-311 322 <=*312*> 313-6 *317-8* 319-382 *383-4* 385-8 *389-390* 391-433 438 <=*434*> 435-448 *449-450* 451-468.
Worcester College Library, Oxford.

II: LES EDITIONS MODERNES

Depuis la mort de Racine (1699) *Alexandre* a été fidèlement réimprimé par les nombreux éditeurs des *Oeuvres complètes*, et parfois par ceux des *Oeuvres choisies* de Racine - toujours selon l'édition 'définitive' de 1697. Depuis le dix-septième siècle, *Alexandre* n'a bénéficié qu'une seule fois d'une édition à part, et celle-ci ne se voulait aucunement une édition critique(177). Si toutes les autres tragédies de Racine ont connu des éditions critiques récentes, pour *Alexandre* c'est toujours le travail de Mesnard qui fait référence(178), travail complété par les éditions ultérieures de Picard(179) et de

---

(176) Cet exemplaire est indiqué dans nos notes par le sigle 75 VERSAILLES.
(177) Voir l'Introduction, p. v.
(178) *Oeuvres de J. Racine*, éd. P. Mesnard, 2ème éd. 1923.
(179) *Jean Racine: Oeuvres Complètes*, nouvelle éd. R. Picard, 1966.

Mélèse(180). Cependant, ces trois éditeurs n'ont consulté généralement qu'un seul exemplaire de chaque édition, et dans le cas de Mesnard sans indication de celui dont il s'agit. Or, le développement des études bibliographiques a démontré l'importance d'une comparaison de plusieurs exemplaires pour relever les variantes de presse. C'est la tâche à laquelle nous nous sommes astreints, et les notes qui accompagnent notre texte en rendent compte.

LES VARIANTES

Ce sont les trois premières pièces de Racine qui ont fait l'objet de ses révisions les plus importantes. Il existe des études approfondies sur les variantes de *La Thébaïde*(181) et d'*Andromaque*(182), et nous avons fait paraître ailleurs une analyse plus détaillée de celles d'*Alexandre*. Dans le cadre de cette édition critique, nous nous proposons seulement de résumer les étapes principales par lesquelles la pièce est passée, et de recenser les vers qui ont été soit retranchés soit modifiés dans chaque édition(183).

L'Edition de 1666

Cette édition représente le premier état d'*Alexandre* qu'il nous soit permis de connaître. Cependant, dans une lettre de février 1665 Monsieur de Pomponne dit avoir assisté à une lecture des trois premiers actes et d'une partie du quatrième, qui a eu lieu à l'Hôtel de Nevers(184). La pièce a été représentée pour la première fois en décembre 1665, et dans la préface de l'édition de 1666 Racine laisse entendre qu'il a introduit quelques corrections proposées par des amis. Or, puisque la correspondance de Racine s'éteint en 1663 nous n'avons aucun moyen de juger de la nature de telles 'pré-variantes', mais nous soulignons que l'édition de 1666 n'est que le premier état *imprimé* du texte. Cette édition comporte 1616 vers. En fait, Racine se contentera d'en modifier ou d'en supprimer certains au cours des révisions successives, sans pour autant étoffer aucune scène.

L'édition de 1666 est vendue indifféremment par Théodore Girard et par Pierre Trabouillet. Nous n'avons relevé aucune variante de presse dans les exemplaires que nous avons consultés. Il faut noter pourtant que les rares coquilles sont corrigées dans les deux éditions non autorisées qui paraissent à Paris en 1666(185).

L'Edition de 1672

C'est avec la deuxième édition d'*Alexandre* que Racine fait paraître ses premières tentatives pour réviser son oeuvre - les révisions de *La Thebaïde* et d'*Andromaque*

---

(180) *Jean Racine: Théâtre*, éd. P. Mélèse, 1951-2.

(181) *Racine: La Thébaïde*, éd. M. Edwards, pp. 28-104.

(182) I. McFarlane, 'Reflections on the Variants in *Andromaque*', 1982.

(183) Dans cette notice nous ne tenons pas compte des simples coquilles, ou des corrections de coquilles antérieures.

(184) Lettre à Arnauld d'Andilly, le 4 février 1665: *Nouveau Corpus Racinianum*, éd. R. Picard, 1976, p. 28.

(185) Nous avons consulté les deux éditions non autorisées qui sont conservées à la Bibliothèque de l'Arsenal: Rés. Rf 4542 et Rés. Rf 4543. Signalons que celle-ci introduit une nouvelle coquille au vers 1372 ("Qui d'eux-mesmes en cent lieux ...") que quelques éditeurs modernes ont voulu reproduire (à tort) pour l'édition autorisée de 1666. Pour une description de ces éditions (qui sont sans Privilège), voir Guibert, *Bibliographie des oeuvres de Jean Racine*, pp. 22-24.

attendront les *Oeuvres complètes* de 1675-6. Cette édition conserve donc un intérêt particulier pour les chercheurs. Les révisions pourraient toutefois être antérieures à 1672, date à laquelle elles ont simplement paru pour la première fois. Nous croyons qu'elles ont été en partie inspirées par certaines critiques des premières pièces de Racine, notamment la *Dissertation sur le Grand Alexandre* de Saint-Evremond (publiée dans les Oeuvres de ce dernier en 1670), et la piéce de Subligny, *La Folle Querelle* (1668), dont le troisième acte se moquait de certains vers maladroits ou trop précieux d'*Andromaque*. Résultat: Racine supprime 60 vers d'*Alexandre*, et en modifie 16 autres(186). Saint-Evremond accusait Racine d'avoir accordé une place prépondérante aux scènes amoureuses, au détriment des thèmes sérieux de la politique. Voici le mobile, nous semble-t-il, de la suppression de trois passages: la description des soupirs amoureux d'Alexandre, faite par Taxile à Cléophile (I.1); le débat entre Axiane et Cléophile au début du troisième acte au sujet de l'amour de Taxile; l'exposé des sentiments d'Axiane à l'égard de Porus en présence d'Alexandre (V.2). En même temps n'est-ce pas toujours sur les instances de Saint-Evremond que Racine cherche à rehausser l'image d'Alexandre qui parvient à donner ses ordres sur un ton plus impérieux dans les vers 980 et 1469? Quant aux critiques stylistiques, Racine s'y prêtera davantage pour l'édition de 1675-6, mais d'ores et déjà il veille à récrire quelques vers maladroits, comme le vers 285.

Ces premières révisions ne seront pas toutes maintenues. Sur les 16 vers que Racine a modifiés sensiblement, 8 reviendront sous la loupe en 1675-6, et 4 vers supprimés en 1672 seront restitués(187). L'édition de 1672 marque donc une étape provisoire, et nous y reconnaissons surtout la volonté de Racine de retravailler ses premières pièces à la lumière des critiques qu'elles ont suscitées.

Comme l'édition de 1666, celle de 1672 est vendue indifféremment par Girard et par Trabouillet. Nous n'avons relevé aucune variante de presse dans les exemplaires consultés.

L'Edition de 1675-6

Il s'agit en 1675-6 de la première édition autorisée des *Oeuvres complètes* de Racine(188) - c'est-à-dire de ses pièces de théâtre (les poésies n'y figurant pas). Cette édition témoigne d'un désir de correction minutieuse, surtout pour ses trois premières pièces. Pour le compte d'*Alexandre* les suppressions sont minces par rapport à celles de 1672: disparaissent les vers 1233-6, où Taxile répondait trop lâchement aux injures proférées par Axiane. En revanche, 42 vers subissent des corrections(189). Nous croyons y lire les leçons de Subligny: gare aux relatifs équivoques (vv.1371-3), aux prépositions mal choisies (vv.687 et 1367), mais surtout aux traits d'une préciosité surchargée et

---

(186) Vers supprimés: 53-6, 719-38, 1425-60. Vers modifiés: 100, 270, 285, 501, 781-2, 836, 845, 980, 1206, 1207, 1371-2, 1424, 1469, 1545.

(187) Il s'agit des vers 501, 836, 980, 1207, 1371, 1424, 1469, 1545, et des vers 1425-8 qui sont restitués.

(188) Dès 1673 quelques éditeurs pirates avaient vendu des éditions dites *Oeuvres complètes*, mais qui n'étaient en fait qu'un recueil de toutes les pièces séparées, non corrigées. Le Privilège de l'édition autorisée date également de 1673, ce qui laisse croire que Racine nourrissait ce projet depuis plusieurs années.

(189) A savoir les vers 77, 78, 184, 247, 256, 265, 311, 336, 369, 484, 494-5, 499, 501, 519-20, 575, 605, 614, 675, 687, 747, 836, 849, 929, 977-80, 1207, 1237, 1301-4, 1367, 1371, 1373, 1424, 1469-70, 1545.

surannée. Ainsi, là où, en 1666/72, Alexandre s'adressait aux beaux yeux de Cléophile:

> Vos beaux yeux à leur tour avouoient leur pouvoir!
> Veulent-ils donc toûjours douter de leur victoire? (vv. 928-9)

en 1676, il parle à sa maîtresse directement:

> Vos beaux yeux à leur tour auouoient leur pouvoir.
> Voulez-vous donc toujours douter de leur victoire?

Et Porus , de même, fait appel à Axiane en se passant de la métonymie *coeur*, dont Subligny avait raillé l'abus dans *Andromaque*:

> Voulez-vous qu'en mourant ce coeur infortuné (1666/72, v. 675)

> Voulez-vous qu'en mourant, un Prince infortuné (1676-97)

La précision des corrections de 1675-6 se laisse apercevoir aussi dans des détails tels que la révision d'un pronom (v. 256), ou du temps des verbes (vv. 1301-2). Devenu grand poète, Racine passe ses premiers essais au crible.

La préface est totalement récrite, et quant à l'*Epître au Roi* de 1666, celle-ci disparaît définitivement. Les arguments de la nouvelle préface reprennent plusieurs thèmes traités en 1666, mais en les abordant par d'autres biais. D'emblée, Racine, prêt à faire taire ses critiques, souligne sa fidélité à ses sources. Il n'évite pas la question épineuse de l'importance accordée à Porus par rapport à Alexandre, mais s'il insiste toujours sur la supériorité de celui-ci il ajoute que 'Porus a peut-estre quelque chose qui interesse davantage parce qu'il est dans le mal-heur.' Faudrait-il voir là l'évolution de la pensée de Racine sur la nature même de la tragédie? En dernier lieu il affronte sans ménagement les critiques sur la place qu'il a accordée aux amours d'Alexandre et de Cléophile, et le débat est tranché d'un ton autoritaire. Racine se contente de citer ses sources anciennes, n'en déplaise à ses détracteurs. C'est une préface qui défend la conception primitive de la pièce, mais sur un ton plus assuré, et à l'appui des autorités reconnues que sont les Anciens.

L'histoire bibliographique de l'édition de 1675-6 est plus compliquée que celle des autres éditions. Vendue par Claude Barbin et Jean Ribou, elle a subi des modifications au cours de l'impression, de sorte que certains exemplaires montrent des variantes de presse importantes. Ceci est notamment le cas pour la préface, qui était à l'origine plus longue, et aussi pour le vers 1304, qui n'est pas corrigé dans tous les exemplaires. Une comparaison des deux versions de la préface de 1675-6 laisse supposer que Racine lui-même a exigé quelques légères révisions et la suppression du dernier paragraphe. Il s'agit de la correction d'une erreur par rapport à ses sources(190), mais surtout de l'abandon d'une comparaison entre Cléophile et Cléopâtre. Il a dû trouver la comparaison mal à propos, ne serait-ce que parce que toute référence à Cléopâtre aurait pu justifier la critique selon laquelle l'amour occuperait une place trop importante dans *Alexandre*. Nous avons eu le bonheur de trouver à la Bibliothèque de Versailles un exemplaire rare et

---

(190) Voir p. x.

fort précieux de cette édition, un des premiers à en juger par la date d'impression de 1675, où se trouvent - par erreur sans doute - les deux versions de la préface. Ceci nous invite à croire qu'à un moment donné pendant l'impression, la deuxième version de la préface aurait dû remplacer la première, alors qu'un certain nombre d'exemplaires contenant la première version avait déjà été mis en vente. Cette importante variante de presse sert à souligner l'intérêt que Racine a porté à la première édition de ses *Oeuvres complètes*.

L'Edition de 1687

Il n'en est pas de même pour l'édition de 1687, pour laquelle la critique hésite à se prononcer sur le rôle précis que Racine a joué. Certes, il n'écrit plus pour le théâtre depuis une dizaine d'années, mais plusieurs corrections apportées au texte d'*Alexandre* sont suffisamment fines pour nous permettre d'y reconnaître la main de l'auteur - tout en admettant qu'il eût pu les faire à une date antérieure. N'empêche qu'elles n'apparaissent qu'en 1687. Il s'agit de la suppression de 8 vers, et de la révision de 17 autres(191). Racine se révèle toujours désireux d'élaguer les déclarations amoureuses, ce qui l'amène à retrancher les beaux vers de la dernière scène où Porus remercie Axiane des sentiments qu'elle vient - enfin - de lui avouer. De même il abrège la série de répliques prononcées par Porus et Taxile dans la scène I.2 pour que la discussion s'achève sur la politique et non pas sur la querelle de deux rivaux amoureux. D'autre part, Racine n'oublie pas la recherche d'un style plus correct: révisions syntaxiques (vv. 190, 979), élimination de quelques traits précieux (vv. 949-50), voire - est-ce sous l'influence de ses charges en tant qu'Historiographe du Roi? - la correction de deux références géographiques (vv. 64, 917).

Seule la deuxième version de la préface de 1675-6, la plus courte, figure dans les exemplaires de l'édition de 1687 que nous avons consultés. Nous n'avons relevé aucune variante de presse importante(192). Cette édition a été vendue par Denys Thierry, par Claude Barbin et par Pierre Trabouillet.

L'Edition de 1697

Dans l'édition de 1697, la dernière à paraître du vivant de Racine, l'apport de l'auteur est mince - aucune suppression, mais la correction de 17 vers(193), alors que pour *La Thebaïde* 87 vers sont concernés(194). Néanmoins, les révisions d'*Alexandre* ne sont pas dépourvues d'intérêt. On dirait que Racine est surtout motivé par le souci de la cohérence lexicale de sa pièce. C'est ainsi que nous constatons l'introduction de termes clés de sa thématique, tels 'esclave' (v. 20), 'orgueil' (v. 197) et 'fierté' (v. 481). Depuis une

---

(191) Vers supprimés: 233-6, 1547-50. Vers corrigés: 44, 64, 190, 237, 249-50, 521, 567, 635-6, 694, 698, 847, 917, 979, 1097, 1477. Néanmoins, le nombre de fautes d'impression étant particulièrement élevé pour cette édition, nous sommes tentés de croire que les "corrections" apportées aux vers 44, 521, 847 pourraient être de simples coquilles. En tout cas, elles ne sont pas retenues dans l'édition de 1697.
(192) D'un exemplaire à un autre nous avons constaté de légères différences quant aux bandeaux, différences survenues sans doute au cours de l'impression.
(193) Dont 3 reprennent la leçon de 1676 (voir note 11). Les autres vers corrigés sont: 20, 52, 94, 176, 197, 256, 269, 481, 598, 616-7, 792, 804, 1281.
(194) Voir l'édition de M. Edwards, p. 81.

vingtaine d'années il avait affiché sa retraite du théâtre profane, et pourtant il prête une attention minutieuse aux corrections de cette édition, la dernière qu'il ait revue.

L'édition de 1697 est vendue par les mêmes libraires que celle de 1687. Aucune variante de presse ne figure dans les exemplaires que nous avons consultés.

TEXTE DE LA PRESENTE EDITION

Nous avons retenu comme texte de base un des exemplaires de l'édition originale d'*Alexandre* qui se trouve à la Bibliothèque Nationale (Rés. Yf 3205) et que nous avons décrit plus haut (p. xxxvii). Sauf dans les cas mentionnés ci-dessous nous avons reproduit fidèlement le texte de cet exemplaire, en suivant rigoureusement l'orthographe et la ponctuation même dans leurs irrégularités:

1° Nous avons supprimé les titres courants TRAGEDIE et ALEXANDRE imprimés respectivement sur chaque verso et recto, les remplaçant par Alexandre le Grand et l'indication de l'acte. Nous avons aussi supprimé tous les ornements typographiques.

2° Nous n'avons pas reproduit le s allongé.

3° Nous avons fixé à trois, à chaque occasion, le nombre des points de suspension.

4° Nous n'avons pas fait la distinction entre les grandes et les petites majuscules, ni entre les grands et les petites minuscules.

5° Pour le discours direct utilisé dans le récit de Taxile (vv. 854-56) et dans celui d'Ephestion (vv. 1504-06, 1501-15) nous avons introduit, pour raison de clarté, l'usage moderne des guillemets (les paroles d'Alexandre citées par Taxile ne sont signalées par des guillemets dans aucune des éditions consultées; en revanche, à partir de 1676 les citations dans le récit d'Ephestion sont imprimées en italique). De même, pour les citations françaises contenues dans la seconde préface (ll. 15-16, 24-25) nous avons supprimé les guillemets marginaux des éditions de 1676, de 1687 et de 1697 pour adopter l'usage moderne.

6° Nous avons résolu toutes les abréviations ã, ẽ, õ, utilisées par l'imprimeur par souci de commodité typographique dans les vers suivants:
5 (connoistre), 70 (comme), 125 (temps), 128 (s'estoient), 135 (grand), 145 (aurons, tant), 146 (dont), 269 (quittons), 385 (tant), 389 (champ), 469 (trompez), 477 (grand, entendre), 485 (Temples), 497 (tremble), 557 (grand), 561 (mon), 562 (seulement, connaistre), 574 (Alexandre), 578 (n'ont), 579 (Conquerans), 590 (corromp), 639 (complaire), 645 (l'exemple), 649 (connoy), 652 (Excitoient), 654 (Amant), 837 (attendre), 933 (aprendre), 1115 (nommé, son), 1236 (donnent, mon), 1262 (prenne), 1282 (reconnoistre), 1326 (long-temps), 1328 (tomber), 1347 (conquerir), 1356 (comme, comme), 1377 (blasmant), 1391 (grand), 1569 (bien, donc).

7° Nous avons corrigé les évidentes fautes d'impression, dont voici la liste complète avec nos rectifications:

Extrait du Priuilege du Roy, ligne 1 1665 : 1665.

v. 22	attaquetont : atttaqueront
v. 23	Suoer : Soeur
v. 147	enrrer : entrer
v. 201	Qui ne coustent : Qui ne nous coustent

v. 326	versvostre : vers vostre
v. 385	pourvousqu'on : pour vous qu'on
v. 413	mon retour : son retour
v. 440	tout : tous
v. 472	attendu : attendu.
v. 593	indication scénique *en se levant* : en se levant.
v. 595	C'est-ce : C'est ce
v. 620	Démentez-donc : Démentez donc
v. 620	Seigneur : Seigneur,
v. 654	vouloir : vouloit
v. 672	triste : tristes
v. 684	coeur : coeur.

acte iii, sc. 1 indication scénique CLEOPHILE, : CLEOPHILE.

v. 741	trauaile : trauaille
v. 801	chaisns : chaisns,
v. 955	vous-msme : vous-mesme
v. 966	estime : estime,
v. 998	sembloient : sembloit
v. 1070	Mon Ennemy-luy mesme à : Mon Ennemy luy-mesme a
v. 1119	Seigneur : Seigneur,
v. 1132	odieux : odieux.
v. 1149	haïs : hais

acte iv, sc. 4 indication scénique CLEOPHILE, : CLEOPHILE.

v. 1365	E t : Et
v. 1411	Co ntre : Contre
v. 1430	indication scénique ALEXANDRE : ALEXANDRE.
v. 1458	qu'elle : quelle
v. 1547	Madame : Madame,
v. 1576	bord : bords
v. 1610	l'ordonne : l'ordonne,

Préface de 1676 ligne 22 autant d Eloges : autant d'Eloges
Préface de 1676 ligne 29 Quinte Curse : Quinte-Curse

Numérotation des vers

Dans la marge gauche nous avons numéroté les vers par cinq selon le texte de l'édition originale. Pour faciliter la comparaison entre la première et la dernière édition nous avons, dans la marge droite, numéroté les vers par dix selon l'édition de 1697, marquant distinctement là où des vers ont été supprimés entre les deux éditions.

Variantes

Les variantes sont imprimées en bas de page. Nous avons tenu à reproduire uniquement les variantes substantives, c'est-à-dire chaque fois que Racine a échangé un mot pour un autre ou qu'il a supprimé des vers. Certes, il y a d'édition en édition des variations de ponctuation et d'orthographe, mais elles sont tellement nombreuses (surtout les variations d'orthographe) que les reproduire toutes rendrait difficile, voire impossible, la tâche du lecteur qui voudrait se rendre compte des véritables changements de sens apportés au texte par l'auteur au cours de ses révisions successives. Nous n'avons pas reproduit non plus les fautes d'impression contenues dans les éditions postérieures à 1666, sauf pour la préface de 1676 (voir ci-dessus, nᵒ 7).

Pour chaque variante nous reproduisons la ponctuation et l'orthographe de la première édition dans laquelle elle figure. Dans un seul cas nous avons dû corriger la leçon, en remplaçant le point par la virgule:

311 LEÇON: Je vous veux dans Taxile offrir un Défenseur.

RECTIFICATION: Je vous veux dans Taxile offrir un Défenseur,

Dans un autre cas nous avons résolu une abréviation (201: coûtent).

Après chaque variante suit, entre parenthèses, la liste des éditions dans lesquelles elle figure. '72' veut dire l'édition de 1672; '76' l'édition de 1676; '87' l'édition de 1687; et '97' l'édition de 1697. Pour la deuxième préface, qui paraît en 1676, nous avons donné les variantes de presse contenues dans l'édition datée de 1675 qui se trouve à la Bibliothèque Municipale de Versailles: '75 VERSAILLES' (voir à ce propos plus haut p. xli). Cette préface est reproduite en appendice.

Certaines variantes posent des problèmes d'ordre bibliographique: celles-ci sont signalées dans les notes accompagnant les vers 201, 353, 413, 979, 1304, 1372.

BIBLIOGRAPHIE

(1) OEUVRES ANTERIEURES A 1800

Aubignac, François Hédelin Abbé d', *La Pratique du théâtre*, éd. P. Martino, Alger-Paris, 1927

    Dissertation sur Sophonisbe dans *Recueil de dissertations sur plusieurs tragédies de Corneille et de Racine*, éd. F. Granet, 2 vols., Paris, 1740

Boyer, Abbé Claude, *Porus ou la generosité d'Alexandre*, Paris, chez T. Quinet, 1548

Corneille, Pierre, *Oeuvres Complètes*, éd. A. Stegman, Paris, 1963

Corneille, Thomas, *Théâtre Complet*, éd. E. Thierry, Paris, 1881

Hardy, Alexandre, *Le Theatre d'Alexandre Hardy Parisien*, Rouen, D. du Petit Val, 1526

La Bruyere, Jean de, *Les Caractères*, éd. R. Garapon, Paris, 1962

La Grange, Charles de, *Registre de La Grange (1658-1685)*, éd. J. Claye, Paris, 1876

La Gravette de Mayolas, etc., *Les Continuateurs de Loret. Lettres en vers de la Gravette de Mayolas, Robinet, Boursault, Perdou de Subligny, Laurent et autres (1665-89)*, éd. Rothschild, Paris, 1881-3

La Taille, Jacques de, *Alexandre*, éd. C. N. Smith, Exeter French Texts, vol. XVIII, 1975
    Daire, Paris, F. Morel, 1573

Molière, Jean-Baptiste Poquelin, *Oeuvres Complètes*, éd. G. Couton, 2 vols., Paris, 1971

Pradon, Nicolas, *Triomphe de Pradon*, Lyon, 1684

Quinault, Philippe, *Astrate*, éd. E. J. Campion, Exeter French Texts, vol.XXXVI, 1980

Racine, Jean, *Oeuvres de Jean Racine*, éd. P. Mesnard, Paris, 2e édition, 1923

    Oeuvres Complètes, nouvelle éd. R. Picard, 2 vols., Paris, 1966

    Théâtre, éd. P. Mélèse, Paris, 1951-2

    Théâtre complet, éd. J. Morel et A. Viala, Paris, 1980

    La Thébaïde, éd. M. Edwards, Paris, 1965

    Alexandre der Grosse von Racine, éd. J. Adelmann et G. Zeiss, Landshut, 1877

    Andromaque, éd. R.C. Knight et H.T. Barnwell, Genève, 1977

Racine, Louis, *Oeuvres de Louis Racine*, ré-édition, Paris, 1808

Saint-Evremond, Ch. le Marguetel de, *Oeuvres en prose*, éd. R. Ternois, 4 vols., Paris, 1962-9

Sévigné, Marie de Rabutin-Chantal, *Correspondance*, éd. R. Duchêne, 3 vols, Paris, 1972-8

Subligny, Perdou de, *La Folle Querelle*, Paris, 1668

(2) ETUDES SECONDAIRES, POSTERIEURES A 1800

Abraham C., *Racine*, Boston, 1977

Adam A., *Histoire de la littérature française au dix-septième siècle*, 5 vols., Paris, 1948-56

Barnwell H.T., 'From *La Thébaïde* to *Alexandre*: a view of Racine's early dramatic technique', *French Studies* V (1951), 30-35

'Racine vu par Saint-Evremond', *Jeunesse de Racine*, 1969, 77-91

The Tragic Drama of Corneille and Racine: an old parallel revisited, Oxford, 1982

Barthes R., *Sur Racine*, Paris, 1963

Bénichou P., *Morales du grand siècle*, Paris, 1948

Bruneau M.-F., *Racine: le jansénisme et la modernité*, Paris, 1986

Butler P., *Classicisme et baroque dans l'oeuvre de Racine*, Paris, 1959

Chevalley S., 'Racine à la Comédie-Française', *Carnets de la Comédie-Française*, 1964, 55-62

Dubu J., 'Racine et l'iconographie de Versailles', *XVIIe siècle*, CLXIII (1989), 195-204

Edwards M., '*L'Arminius* de Georges de Scudéry et les deux premières pièces de Racine', *Jeunesse de Racine*, 1964, 44-67

'Corneille dans *Alexandre le Grand* de Racine', *Jeunesse de Racine*, 1965, 47-60

Ferrier-Caverivière N., *L'Image de Louis XIV dans la littérature française de 1660 à 1715*, Paris, 1981

Flowers M., *Sentence Structure and Characterization in the Tragedies of Jean Racine*, Rutherford New Jersey, 1979

Fortassier P., 'Racine lecteur de Corneille', *Cahiers de l'Association Internationale des Etudes Françaises*, XXXI (1979), 105-118

France P., *Racine's Rhetoric*, Oxford, 1965

Gargantini Rabbi S., *Du Conflit racinien à la comédie de moeurs*, Pise, 1986

Goldmann L., *Le Dieu caché: étude sur la vision tragique dans les 'Pensées' de Pacal et dans le théâtre de Racine*, Paris, 1959

Gros E., 'La Question d'*Alexandre*: l'*Alexandre* de Racine et l'*Alexandre* de Boyer', *Annales de la Faculté des Lettres d'Aix-en-Provence*, XVI (1931-2), 5-22

Guibert A.J., *Bibliographie des Oeuvres de Jean Racine publiées au XVIIe siècle et oeuvres posthumes*, Paris, 1968

Hartle R., 'Le Brun's *Histoire d'Alexandre* and Racine's *Alexandre le Grand*', *Romanic Review*, XLVIII (1957), 90-103

Hawcroft M., Verbal Action and Rhetoric in the Tragedies of Jean Racine, thèse de doctorat, Université d'Oxford, 1988

Hibbard H., *Bernini*, Harmondsworth, 1965

Hourcade P., 'La thématique d'Alexandre de 1660 à 1667', *Jeunesse de Racine*, 1970-71, 40-55

Hugo V., *Théâtre complet*, éd. J.-J. Thierry et J. Mélèze, 2 vols, Paris, 1963-4

Jasinski R., *Vers le vrai Racine*, 2 vols., Paris, 1958

Kirkness W.J., 'The Language of Racine's *Alexandre* and its Lexical Links with *Cinna* and *Attila*', *French Studies* XLII (1988-1), 33-49

Knight R.C., *Racine et la Grèce*, Paris, 1951

Kuizenga D., '*Mithridate*: a reconsideration', *French Review*, LII (1978), 280-5

Lacroix, P., 'Le langage de l'amour dans *Alexandre le Grand*', *XVIIe Siècle*, CXLVIII, 1985, 57-67

Lancaster H.C., *A History of French Dramatic Literature in the Seventeenth Century. Part II*, Baltimore, 1932

Lapp J., *Aspects of Racinian Tragedy*, Toronto, 1955

Larthomas P., *Le Langage dramatique: sa nature, ses procédés*, Paris, 1972

McFarlane I., 'Reflections on the variants in *Andromaque*', *Form and Meaning:aesthetic coherence in seventeenth-century French drama*, éd. W.D. Howarth, I. McFarlane, M.McGowan, Avebury, 1982

Maskell D., 'La Précision du lieu dans les tragédies de Racine', (sous presse) *Vinaver Studies in French*

May G., *Tragédie cornélienne, tragédie racinienne*, Urbana, 1948

Le Mémoire de Mahelot, éd. H.C. Lancaster, Paris, 1920

Moravcevich J., Monologue et action dans les trois premières tragédies de Racine, thèse de doctorat, Université de Wisconsin, 1970

Mourgues O de, *Autonomie de Racine*, Paris, 1967

Niderst A., *Racine et la tragédie classique*, Paris, 1978

Phillips H., 'The Theatricality of Discourse in Racinian Tragedy', *Modern Languages Review*, LXXXIV (1989), 37-50

Picard R., *La Carrière de Jean Racine*, 3e édition, Paris, 1956

(éd.) *Nouveau Corpus Racinianum*, Paris, 1976

Pommier J., 'Autour de l'*Alexandre* de Racine', *Mélanges d'histoire littéraire offerts à Raymond Lebègue*, Paris, 1969, 259-67

'Le tricentenaire d'*Alexandre le Grand de Racine*', *Revue des Deux Mondes*, déc. 1965, 341-9

Sartre J.-P., 'L'Auteur, l'oeuvre et le public', *Un Théâtre de Situations*, éd. M. Contat et M. Rybalka, Paris, 1973

Scherer J., *La Dramaturgie classique en France*, Paris, 1950

Spencer C., *La Tragédie du prince: étude du personnage médiateur dans le théâtre tragique de Racine*, Paris, 1987

Sweetser M.-O., 'Création d'une image royale dans le théâtre de Racine', *Papers in French Seventeenth-Century Literature* XXIX (1988), 657-75

Truchet J., *La Tragédie classique en France*, Paris, 1975

Vinaver E., *Racine et la poésie tragique*, 2e édition, Paris, 1963

Weinberg B., *The Art of Jean Racine*, Chicago, 1963

Worth V.J., 'The Shape of Things to Come: Racine's revisions of *Alexandre (1666-1697)*' *French Studies*, XLIV, 1990-4, 385-402

Yarrow P.J., *Racine*, Oxford, 1978

ALEXANDRE

LE GRAND.

TRAGEDIE.

VIRTVS INVI — IAM SVPERAT

A PARIS,

Chez THEODORE GIRARD, dans la Grand'
Salle du Palais, du cofté de la Cour des Aydes,
à l'Enuie.

M. DC. LXVI.

AVEC PRIVILEGE DV ROY.

AV
ROY.

SIRE,

Voicy vne seconde entreprise qui n'est pas moins hardie que la premiere. Ie ne me contente
5   *pas d'avoir mis à la teste de mon Ouurage le nom d'Alexandre, i'y ajoûte encore celuy de Vostre*
Majesté, c'est à dire que i'assemble tout ce que le Siecle present & les Siecles passez nous peuuent
fournir de plus Grand. Mais, SIRE, i'espere que V. M. ne condamnera pas cette seconde hardiesse,
comme Elle n'a pas desaprouué la premiere. Quelques efforts que l'on eust faits pour luy défigurer
mon Héros, il n'a pas plutost paru deuant Elle, qu'Elle l'a reconnu pour Alexandre. Et à qui s'en
10 *rapportera-t'on, qu'à vn Roy dont la gloire est répandue aussi loin que celle de ce Conquerant, &*
deuant qui l'on peut dire que tous les Peuples du Monde se taisent, comme l'Escriture l'a dit
d'Alexandre? Ie sçay bien que ce silence est vn silence d'étonnement & d'admiration, que jusques
icy la force de vos Armes ne leur a pas tant imposé que celle de vos Vertus. Mais, SIRE, vostre
reputation n'en est pas moins éclatante, pour n'estre point établie sur les embrazemens & sur les
15 *ruines; et déja V. M. est arriuée au comble de la Gloire par vn chemin plus nouueau & plus difficile*
que celuy par où Alexandre y est monté. Il n'est pas extraordinaire de voir vn jeune Homme gagner
des Batailles, de le voir mettre le feu par toute la Terre. Il n'est pas impossible que la Jeunesse & la
Fortune l'emportent victorieux jusqu'au fonds des Indes. L'Histoire est pleine de jeunes
Conquerans. Et l'on sçait auec quelle ardeur V. M. Elle-mesme a cherché les occasions de se
20 *signaler dans vn âge où Alexandre ne faisoit encore que pleurer pour les Victoires de son Pere.*
Mais Elle me permettra de luy dire que deuant Elle on n'a point veu de Roy, qui à l'âge
d'Alexandre ait fait paroistre la conduite d'Auguste, qui sans s'éloigner presque du centre de son
Royaume, ait répandu sa lumiere jusqu'au bout du Monde, et qui ait commencé sa Carriere par où
les plus grands Princes ont tasché d'acheuer la leur. On a disputé chez les Anciens, si la Fortune
25 *n'auoit point eu plus de part que la Vertu dans les Conquestes d'Alexandre. Mais quelle part la*
Fortune peut-elle prétendre aux Actions d'vn Roy qui ne doit qu'à ses seuls Conseils l'estat
florissant de son Royaume, & qui n'a besoin que de Luy-mesme pour se rendre redoutable à toute
l'Europe? Mais, SIRE, ie ne songe pas qu'en voulant loüer V. M. ie m'engage dans vne Carriere
trop vaste & trop difficile. Il faut auparauant m'essayer encore sur quelques autres Héros de
30 *l'Antiquité: Et ie préuoy qu'à mesure que ie prendray de nouuelles forces, V. M. se couurira Elle-*
mesme d'vne gloire toute nouuelle, que nous la reuerrons peut-estre à la teste d'vne Armée acheuer
la Comparaison qu'on peut faire d'Elle & d'Alexandre, & ajoûter le titre de Conquerant à celuy du
plus sage Roy de la Terre. Ce sera alors que vos Sujets deuront consacrer toutes leurs veilles au
recit de tant de grandes Actions, & ne pas souffrir que V. M. ai lieu de se plaindre comme
35 *Alexandre, qu'Elle n'a eû personne de son temps qui pût laisser à la Posterité le memoire de ses*
Vertus. Je n'espere pas estre assez heureux pour me distinguer par le merite de mes Ouurages; mais
ie sçay bien que ie me signaleray au moins par le zele & la profonde véneration auec laquelle ie
suis,

SIRE,

40   *DE VOSTRE MAIESTE,*

Le tres-humble, tres-
obeïssant, & tres-
fidelle Seruiteur &
Sujet,
45   RACINE.

Var : dédicace supprimée (76, 87, 97)

PREFACE.

IE ne rapporteray point icy ce que l'Histoire dit de Porus, il faudroit copier tout le huitiéme Liure de Quinte-Curse; & ie m'engageray moins encore à faire vne exacte Apologie de tous les endroits qu'on a voulu combattre dans ma Piece. Ie n'ay pas pretendu donner au Public vn Ouurage parfait. Ie me fais trop de justice pour auoir
5   osé me flater de cette esperance. Auec quelque succez que l'on ait representé mon Alexandre, & quoy que les permieres Personnes de la Terre, & les Alexandres de nostre Siecle, se soient hautement declarez pour luy, ie ne me laisse point ébloüir par ces illustres Approbations. Ie veux croire qu'ils ont voulu encourager vn jeune Homme, & m'exciter à faire encore mieux dans la suite. Mais i'auoüe que quelque
10 défiance que i'eusse de moy-mesme, ie n'ay pû m'empécher de conceuoir quelque opinion de ma Tragedie, quand i'ay veu la peine que se sont donnée de certaines gens pour la décrier. On ne fait point tant de brigues contre vn Ouurage qu'on n'estime pas. On se contente de ne le plus voir quand on l'a veu vne fois, & on le laisse tomber de luy-mesme, sans daigner seulement contribuër à sa chute.
15 Cependant i'ay eû le plaisir de voir plus de six fois de suite à ma Piece le visage de ses Censeurs. Ils n'ont pas craint de s'exposer si souuent à entendre vne chose qui leur déplaisoit. Ils ont prodigué liberalement leur temps & leurs peines pour la venir critiquer, sans conter les chagrins que leur ont peut-estre coustez les applaudissemens que leur presence n'a pas empesché le Public de me donner. Ce
20 n'est pas, comme i'ay déja dit, que ie croye ma Piece sans defauts. On sçait auec quelle déference i'ay écouté les Auis sinceres de mes veritables Amis, & l'on verra mesme que i'ay profité en quelques endroits des conseils que i'en ay receus. Mais ie n'aurois iamais fait, si ie m'arrestois aux subtilitez de quelques Critiques qui pretendent assujettir le goust du Public aux dégousts d'vn Esprit malade, qui vont
25 au Theatre auec vn ferme dessein de n'y point prendre de plaisir, & qui croyent prouuer à tous les Spectateurs par vn branlement de teste, & par des grimaces affectées, qu'ils ont étudié à fonds la Poëtique d'Aristote.
    En effet, que répondrois-je à ces Critiques qui condamnent jusques au Titre de ma Tragedie, & qui ne veulent pas que ie l'appelle Alexandre, quoy qu'Alexandre
30 en fasse la principale Action, & que le veritable Sujet de la Piece ne soit autre chose que la generosité de ce Conquerant? Ils disent que ie fais Porus plus grand qu'Alexandre. Et en quoy paroist-il plus grand? Alexandre n'est-il pas toûjours le Vainqueur? Il ne se contente pas de vaincre Porus par la force de ses armes, il triomphe de sa fierté mesme, par la generosité qu'il fait paroistre en luy rendant ses
35 Estats. Ils trouuent étrange qu'Alexandre apres auoir gagné la Bataille, ne retourne pas à la teste de son Armée, & qu'il s'entretienne auec sa Maistresse, au lieu d'aller combattre vn petit nombre de desesperez qui ne cherchent qu'à perir. Cependant si l'on en croit vn des plus grands Capitaines de ce temps, Ephestion n'a pas dû s'y trouuer luy-mesme. Ils ne peuuent souffrir qu'Ephestion fasse le Recit de la Mort
40 de Taxile en presence de Porus, parce que ce Recit est trop à l'auantage de ce Prince. Mais ils ne considerent pas que l'on ne blâme les loüanges que l'on donne à vne Personne en sa presence, que quand elles peuuent estre suspectes de flatterie, &

Var : ll. 15-19 : Cependant i'ay eû le plaisir ... empesché le public de me donner. supprimé (72)
Var : ll. 39-50 : Ils ne peuuent souffrir ... la gloire du Vainqueur. supprimé (72)

qu'elles font vn effet tout contraire quand elles partent de la bouche d'vn Ennemy, & que celuy qu'on loüe est dans le malheur. Cela s'appelle rendre justice à la
45   Vertu, & la respecter méme dans les fers. Il me semble que cette conduite répond assez bien à l'idée que les Historiens nous donnent du Fauory d'Alexandre. Mais au moins, disent-ils, il deuroit épargner la patience de son Maistre, & ne pas tant vanter deuant luy la valeur de son Ennemy. Ceux qui tiennent ce langage, ont sans doute oublié que Porus vient d'estre défait par Alexandre, & que les loüanges
50   qu'on donne au Vaincu, retournent à la gloire du Vainqueur. Ie ne répons rien à ceux qui blâment Alexandre de rétablir Porus en presence de Cleophile. C'est assez pour moy que ce qui passe pour vne faute aupres de ces Esprits qui n'ont lû l'Histoire que dans les Romans, & qui croyent qu'vn Heros ne doit iamais faire vn pa sans la permission de sa Maistresse, a receu des loüanges de ceux qui estant eux-
55   mesmes de grands Heros, ont droict de juger de la vertu de leurs pareils. Enfin la plus importante Objection que l'on me fasse, c'est que mon sujet est trop simple & trop sterile. Ie ne represente point à ces Critiques le goust de l'Antiquité. Ie voy bien qu'ils le connoissent mediocrement. Mais dequoy se plaignent-ils si toutes mes Scenes sont bien remplies, si elles sont liées necessairement les vnes auec les
60   autres, si tous mes Acteurs ne viennent point sur le Theatre, que l'on ne sçache la raison qui les y fait venir, & si auec peu d'incidens & peu de matiere, i'ay esté assez heureux pour faire vne Piece qui les a peut-estre attachez malgré eux depuis le commencement jusqu'à la fin? Mais ce qui me console, c'est de voir mes Censeurs s'accorder si mal ensemble. Les vns disent que Taxile n'est pas assez
65   honneste homme, les autres qu'il ne merite point sa perte. Les vns soûtiennent qu'Alexandre n'est pas assez amoureux, les autres me reprochent qu'il ne vient sur le Theatre, que pour parler d'amour. Ainsi ie n'ay pas besoin que mes Amis se mettent en peine de me justifier. Ie n'ay qu'à renuoyer mes Ennemis à mes Ennemis, & ie me repose sur eux de la defense d'vne Piece qu'ils attaquent en si
70   mauvaise intelligence, & auec des sentimens si opposez.

Var : ll. 57-8 : Ie voy bien qu'ils le connoissent mediocrement. supprimé (72)

Extrait du Priuilege du Roy.

PAr Grace & Priuilege du Roy, donné à Paris le 30. jour de Decembre 1665. Signé,
Par le Roy en son Conseil, DEMALON: Il est permis à IEAN RACINE, de faire
imprimer, vendre & debiter, par tel Libraire & Imprimeur qu'il voudra choisir, vne
Piece de Theatre de sa composition, intitulée, *Alexandre le Grand, Tragedie*, & ce
5   durant le temps & espace de cinq années entieres & accomplis, à commencer du
jour que ladite Piece sera acheuée d'imprimer pour la premiere fois: Et defenses
sont faites à tous autres Libraires & Imprimeurs, de l'imprimer, faire imprimer,
vendre & debiter, sans le consentement de l'Exposant, ou de ceux qui auront droict
de luy, à peine aux contreuenans de trois mille liures d'amende, confiscation des
10   exemplaires contrefaits, & de tous despens, dommages & interests, ainsi que plus
au long il est porté par ledit Priuilege.

Registré sur le Liure de la Communauté, suiuant l'Arrest de la Cour de
Parlement. Fait à Paris le 7. Ianuier 1666. Signé, S. PIGET, Syndic.

Acheué d'imprimer pour la premiere fois
15   *le 23. Ianuier 1666.*

Ledit Sieur RACINE a fait transport de son Priuilege à Pierre
Traboüillet & Theodore Girard, pour en joüir suiuant l'accord fait entre eux.

ACTEVRS.

ALEXANDRE.
PORVS,)
) Rois dans les Indes.
TAXILE,)
AXIANE, Reyne d'vne autre partie des Indes.
CLEOPHILE, Sœur de Taxile.
EPHESTION.

La Scene est sur le bord de l'Hydaspe,
dans le Camp de Taxile.

Var : ajouté en bas de la liste des personnages: Suite d'ALEXANDRE. (76, 87, 97)

ALEXANDRE

LE GRAND.

TRAGEDIE.

ACTE I.

SCENE PREMIERE.

TAXILE, CLEOPHILE.

CLEOPHILE.

QVOY, vous allez combattre vn Roy dont la puissance
Semble forcer le Ciel à prendre sa défense,
Sous qui toute l'Asie a veu tomber ses Rois,
Et qui tient la Fortune attachée à ses Loix?
5   Mon Frere, ouurez les yeux pour connoistre Alexandre,
Voyez de toutes parts les Trônes mis en cendre,
Les Peuples asseruis, & les Rois enchaisnez,
Et préuenez les maux qui les ont entraisnez.

TAXILE.

Voulez-vous que frappé d'vne crainte si basse,
10   Ie presente la teste au joug qui nous menasse,   [10]
Et que i'entende dire aux Peuples Indiens,
Que i'ay forgé moy-mesme & leurs fers & les miens?
Quitteray-je Porus, trahiray-je ces Princes
Que rassemble le soin d'affranchir nos Prouinces,
15   Et qui sans balancer sur vn si noble choix,
Sçauront également viure ou mourir en Rois?
En voyez-vous vn seul, qui sans rien entreprendre
Se laisse terrasser au seul nom d'Alexandre,
Et le croyant déja Maistre de l'Vniuers,

20   Aille jusqu'en son camp luy demander des fers?   [20]
        Loin de s'épouuanter à l'aspect de sa gloire,
        Ils l'attaqueront mesme au sein de la Victoire.
        Et vous voulez, ma Soeur, que Taxile aujourd'huy,
        Tout prest à le combattre implore son appuy.

                         CLEOPHILE.

25   Aussi n'est-ce qu'à vous que ce Prince s'adresse,
        Pour vostre amitié seule Alexandre s'empresse;
        Quand la foudre s'allume & s'appreste à partir,
        Il s'efforce en secret de vous en garantir.

                          TAXILE.

        Pourquoy suis-je le seul que son courroux ménage?
30   De tous ceux que l'Hydaspe oppose à son courage,   [30]
        Ay-je merité seul son indigne pitié?
        Ne peut-il à Porus offrir son amitié?
        Ah! sans doute il luy croit l'ame trop genereuse
        Pour écouter iamais vne offre si honteuse,
35   Il cherche vne vertu qui luy resiste moins,
        Et peut-estre il me croit plus digne de ses soins.

                         CLEOPHILE.

        Dites, sans l'accuser de chercher vn Esclaue,
        Que de ses Ennemis il vous croit le plus braue,
        Et qu'en vous arrachant les armes de la main,
40   Il se promet du reste vn triomphe certain.   [40]
        Son choix à vostre nom n'imprime point de taches,
        Son Amitié n'est point le partage des lâches;
        Quoy qu'il brusle de voir tout l'Vniuers soûmis,
        On ne voit point d'Esclaue au rang de ses Amis.
45   Ah! si son amitié peut soüiller vostre gloire,
        Que ne m'épargniez-vous vne tache si noire?
        Vous connoissez les soins qu'il me rend tous les jours.
        Il ne tenoit qu'à vous d'en arrester le cours.
        Vous me voyez icy Maistresse de son ame,
50   Cent messages secrets m'assurent de sa flame;   [50]
        Pour venir jusqu'à moy ses soûpirs embrasez

_____

Var : v. 20 : Aille esclave empressé (97)
Var : v. 44 : Esclaves (87)

Se font jour au trauers de deux Camps opposez.   [52]
Mes yeux de leur conqueste ont-ils fait vn mystere?
Vistes-vous ses soûpirs d'vn regard de colere?
55   Et lors que deuant vous ils se sont presentez,
Iamais comme Ennemis les auez-vous traittez?
Au lieu de le haïr, au lieu de m'y contraindre,   [53]
De mon trop de rigueur ie vous ay veu vous plaindre,
Vous m'auez engagée à souffrir son Amour,
60   Et peut-estre, mon Frere, à l'aimer à mon tour.

TAXILE.

Vous pouuez, sans rougir du pouuoir de vos charmes,
Forcer ce grand Guerrier à vous rendre les armes;
Et sans que vostre coeur doive s'en alarmer,
Le Vainqueur de l'Asie a pû vous desarmer.   [60]
65   Mais l'Estat aujourd'huy suiura ma destinée,
Ie tiens auec mon sort sa fortune enchaisnée,
Et quoy que vos conseils taschent de me fléchir,
Ie dois demeurer libre afin de l'affranchir,
Ie sçais l'inquietude où ce dessein vous liure;
70   Mais comme vous, ma Soeur, i'ay mon amour à suiure.
Les beaux yeux d'Axiane, ennemis de la Paix,
Contre vostre Alexandre arment tous leurs attraits.
Reyne de tous les coeurs, elle met tout en armes,   [70]
Pour cette liberté que détruisent ses charmes,
75   Elle rougit des fers qu'on apporte en ces lieux,
Et n'y sçauroit souffrir de tyrans que ses yeux.
Il faut seruir, ma Soeur, leur illustre colere,
Il faut aller...

CLEOPHILE.

Hé bien, perdez-vous pour leur plaire,
De ces Tyrans si chers suiuez l'arrest fatal,
80   Seruez les, ou plustost seruez vostre Riual.
De vos propres lauriers souffrez qu'on le couronne,
Combattez pour Porus, Axiane l'ordonne,
Et par de beaux exploits, appuyant sa rigueur,
Asseurez à Porus l'Empire de son coeur.   [80]

Var : v. 52 : à travers (97)
Var : v. 53-56 : vers supprimés (72, 76, 87, 97)
Var : v. 64 : Le Vainqueur de l'Euphrate (87, 97)
Var : v. 77 : son illustre colere, (76, 87, 97)
Var : v. 78 : Hé bien, perdez-vous pour luy plaire? (76, 87, 97)

TAXILE.

85   Ah! ma Soeur, croyez-vous que Porus...

CLEOPHILE.

                                        Mais vous mesme,
Doutez vous en effet qu'Axiane ne l'aime?
Quoy ne voyez-vous pas, auec quelle chaleur,
L'Ingrate à vos yeux mesme étale sa valeur?
Quelque braue qu'on soit, si nous la voulons croire,
90   Ce n'est qu'autour de luy que vole la Victoire;
Vous formeriez sans luy d'inutiles desseins,
La liberté de l'Inde est toute entre ses mains.
Sans luy déja nos murs seroient reduits en cendre,
D'vn seul de ses regards il peut vaincre Alexandre.   [90]
95   Elle se fait vn Dieu de ce Prince charmant,
Et vous doutez encor qu'elle en fasse vn Amant?

TAXILE.

Ie taschois d'en douter, cruelle Cleophile.
Helas! dans son erreur affermissez Taxile.
Pourquoy luy peignez-vous cet objet odieux?
100   Si vous l'aimez, aidez-le à démentir ses yeux.
Dites-luy qu'Axiane est vne Beauté fiere,
Telle à tous les Mortels qu'elle est à vostre Frere,
Flattez de quelque espoir...

CLEOPHILE.

                                 Esperez, i'y consens,
Mais n'esperez plus rien de vos soins impuissans.   [100]
105   Pourquoy dans les combats chercher vne Conqueste,
Qu'à vous liurer luy-mesme Alexandre s'appreste?
Ce n'est pas contre luy qu'il la faut disputer,
Porus est l'Ennemy qui pretend vous l'oster.
Pour ne vanter que luy, l'injuste Renommée
110   Semble oublier les noms du reste de l'Armée,

Var : v. 94 : Luy seul peut arrester les progrés d'Alexandre: (97)
Var : v. 100 : Aidez-le bien plûtost (72, 76, 87, 97)

Quoy qu'on fasse, luy seul en rauit tout l'éclat,
Et comme ses Sujets il vous mene au combat.
Ah! si ce nom vous plaist, si vous cherchez à l'estre,
Les Grecs, & les Persans vous enseignent vn Maistre, [110]
115 Vous trouverez cent Rois compagnons de vos fers,
Porus y viendra mesme auec tout l'Vniuers.
Mais Alexandre enfin ne vous tend point de chaisnes,
Il laisse à vostre front ces marques souueraines,
Qu'vn orgueilleux Riual ose icy dédaigner.
120 Porus vous fait seruir, il vous fera regner.
Au lieu que de Porus vous estes la victime,
Vous ferez... Mais voicy ce Riual magnanime.

TAXILE.

Ah, ma Soeur, ie me trouble, & mon coeur alarmé,
En voyant mon Riual, me dit qu'il est aimé. [120]

CLEOPHILE.

125 Le temps vous presse. Adieu. C'est à vous de vous rendre
L'Esclaue de Porus, ou l'Amy d'Alexandre.

SCENE II.

PORVS, TAXILE.

PORVS.

SEigneur, ou ie me trompe, ou nos fiers Ennemis
Feront moins de progrez qu'ils ne s'estoient promis.
Nos Chefs & nos Soldats bruslans d'impatience,
130 Font lire sur leur front vne masle asseurance;
Ils s'animent l'vn l'autre, & nos moindres Guerriers
Se promettent déja des moissons de Lauriers.
I'ay veu de rang en rang cette ardeur répanduë,
Par des cris genereux éclater à ma veuë: [130]
135 Ils se plaignent, qu'au lieu d'éprouuer leur grand coeur,
L'oisiueté d'vn Camp consume leur vigueur.
Laisserons nous languir tant d'illustres courages?
Nostre Ennemy, Seigneur, cherche ses auantages,
Il se sent foible encore, & pour nous retenir

140   Ephestion demande à nous entretenir.
        Et par de vains discours...

                              TAXILE.

                    Seigneur, il faut l'entendre,
        Nous ignorons encor ce que veut Alexandre,
        Peut-estre est-ce la Paix qu'il nous veut presenter.

                              PORVS.

        La Paix! Ah de sa main pourriez-vous l'accepter?   [140]
145   Hé quoy? nous l'aurons veu par tant d'horribles guerres,
        Troubler le calme heureux dont joüissoient nos terres,
        Et le fer à la main entrer dans nos Estats,
        Pour attaquer des Rois qui ne l'offençoient pas?
        Nous l'aurons veu piller des Prouinces entieres,
150   Du sang de nos Sujets faire enfler nos Riuieres,
        Et quand le Ciel s'appreste à nous l'abandonner,
        I'attendray qu'vn Tyran daigne nous pardonner?

                              TAXILE.

        Ne dites point, Seigneur, que le Ciel l'abandonne,
        D'vn soin toûjours égal sa faueur l'enuironne: [150]
155   Vn Roy qui fait trembler tant d'Estats sous ses lois,
        N'est pas vn Ennemy que méprisent les Rois.

                              PORVS.

        Loin de le mépriser i'admire son courage,
        Ie rens à sa valeur vn legitime hommage.
        Mais ie veux à mon tour meriter les tribus
160   Que ie me sens forcé de rendre à ses Vertus.
        Oüy ie consens qu'au Ciel on éleue Alexandre;
        Mais si ie puis, Seigneur, ie l'en feray décendre,
        Et i'iray l'attaquer jusques sur les Autels
        Que luy dresse en tremblant le reste des Mortels.   [160]
165   C'est ainsi qu'Alexandre estima tous ces Princes,
        Dont sa valeur pourtant a conquis les Prouinces.
        Si son coeur dans l'Asie eust montré quelque effroy,
        Darius en mourant l'auroit-il veu son Roy?

TAXILE.

170 Seigneur, si Darius auoit sceu se connaistre,
Il regneroit encore où regne vn autre Maistre.
Cependant cet orgueil qui causa son trépas
Auoit vn fondement que vos mépris n'ont pas.
La valeur d'Alexandre à peine estoit connuë,
Ce Foudre estoit encore enfermé dans la nuë. [170]
175 Dans vn calme profond Darius endormy,
A peine connoissoit vn si foible Ennemy.
Il le connut bientost, & son ame étonnée
De tout ce grand pouuoir se vit abandonnée,
Il se vit terrassé d'vn bras victorieux,
180 Et la foudre en tombant luy fit ouurir les yeux.

PORVS.

Mais encore à quel prix croyez-vous qu'Alexandre
Mette l'indigne Paix dont il veut vous surprendre?
Demandez-le, Seigneur, à cent Peuples diuers,
Que cette Paix trompeuse a jettez dans ses fers. [180]
185 Non, ne nous flattons point, sa douceur nous outrage,
Toûjours son Amitié traisne vn long Esclauage,
En vain on prétend roit n'obeïr qu'à demy,
Si l'on n'est son Esclaue, on est son Ennemy.

TAXILE.

Seigneur, sans se montrer lasche ny temeraire,
190 De quelque vain hommage on peut le satisfaire.
Flattons par des respects ce Prince ambitieux,
Que son boüillant orgueil appelle en d'autres lieux.
C'est vn Torrent qui passe, & dont la violence
Sur tout ce qui l'arreste exerce sa puissance, [190]
195 Qui grossy du débris de cent Peuples diuers,
Veut du bruit de son Cours remplir tout l'Vniuers.
N'attirons point sur nous les effets de sa rage;
D'vn fauorable accueil honorons son passage,
Et luy cedant des droicts que nous reprendrons bien,
200 Rendons luy des deuoirs qui ne nous coustent rien.

Var : v. 176 : Ignoroit jusqu'au nom d'un si foible Ennemi. (97)
Var : v. 184 : dans les fers. (76, 87, 97)
Var : v. 190 : Par quelque (87, 97)
Var : v. 197 : Que sert de l'irriter par un orgueil sauvage? (97)

PORVS.

Qui ne nous coustent rien, Seigneur? L'osez-vous croire?
Conteray-je pour rien la perte de ma gloire?
Vostre Empire, & le mien seroient trop achetez,
S'ils coustoient à Porus les moindres laschetez.   [200]
205   Mais croyez-vous qu'vn Prince enflé de tant d'audace,
De son passage icy ne laissast point de trace?
Combien de Rois brisez à ce funeste écueil,
Ne regnent plus qu'autant qu'il plaist à son orgueil?
Nos Couronnes d'abord deuenant ses Conquestes,
210   Tant que nous regnerions flotteroient sur nos testes,
Et nos Sceptres en proye à ses moindres dédains,
Dés qu'il auroit parlé tomberoient de nos mains.
Ne dites point qu'il court de Prouince en Prouince.
Iamais de ses liens il ne dégage vn Prince,   [210]
215   Et pour mieux asseruir les Peuples sous ses lois,
Souuent dans la poussiere il leur cherche des Rois.
Mais ces indignes soins touchent peu mon courage,
Vostre seul interest m'inspire ce langage,
Porus n'a point de part dans tout cet entretien,
220   Et quand la Gloire parle il n'écoute plus rien.

TAXILE.

I'écoute comme vous ce que l'honneur m'inspire,
Seigneur, mais il m'engage à sauuer mon Empire.

PORVS.

Si vous voulez sauuer l'vn & l'autre aujourd'huy,
Preuenons Alexandre, & marchons contre luy.   [220]

TAXILE.

225   L'audace & le mépris sont d'infidelles guides.

PORVS.

La honte suit de prés les courages timides.

Var : v. 201 : Qui ne nous coûtent rien (72, 87, 97)

TAXILE.

Le Peuple aime les Rois qui sçavent l'épargner.

PORVS.

Il estime encor plus ceux qui sçavent regner.

TAXILE.

Ces conseils ne plairont qu'à des ames hautaines.

PORVS.

230   Ils plairont à des Rois, & peut-estre à des Reynes.

TAXILE.

La Reyne, à vous oüir, n'a des yeux que pour vous.

PORVS.

Vn Esclaue est pour elle vn Objet de couroux.   [228]

TAXILE.

Vostre fierté, Seigneur, s'accorde auec la sienne.

PORVS.

I'aime la Gloire; Et c'est tout ce qu'aime la Reyne.

TAXILE.

235   Son coeur vous est acquis.

Var : v. 233-36 : vers supprimés (87, 97)

PORVS.

I'empescheray du moins
Qu'aucun Maistre étranger ne l'enleue à mes soins.

TAXILE.

Mais enfin croyez-vous que l'Amour vous ordonne   [229]
D'exposer auec vous son Peuple & sa Personne?   [230]
Non, non, sans vous flater, auoüez qu'en ce jour
240   Vous suiuez vostre haine, & non pas vostre amour.

PORVS.

Hé bien, ie l'auoüeray, que ma juste colere
Aime la Guerre autant que la Paix vous est chere.
I'auoüeray que brûlant d'vne noble chaleur,
Ie vais contre Alexandre éprouuer ma valeur.
245   Du bruit de ses exploits mon ame importunée,
Attend depuis long-temps cette heureuse journée.
La jalouse fierté que son nom m'inspiroit,
M'auoit déja rendu son Ennemy secret.   [240]
Mon coeur dans les transports de cette jalousie,
250   Le voyoit à regret occupé dans l'Asie;
Ie l'attirois icy par des voeux si puissans,
Que je portois enuie au bonheur des Persans:
Et maintenant encor, s'il trompoit mon courage,
Pour sortir de ces lieux, s'il cherchoit vn passage,
255   Vous me verriez moy-méme armé pour l'arrester,
Luy refuser la Paix qu'il nous veut présenter.

TAXILE.

Oüy, sans doute, vne ardeur si haute & si constante,
Vous promet dans l'Histoire vne place éclatante;   [250]
Et sous ce grand dessein dûssiez-vous succomber,
260   Au moins c'est auec bruit qu'on vous verra tomber.

Var : v. 237 : Mais croiés-vous, Seigneur, (87, 97)
Var : v. 247 : Avant qu'il me cherchast, un orgueil inquiet (76, 87, 97)
Var : v. 249 : Dans le noble transport (87, 97)
Var : v. 250 : Je le trouvois trop lent à traverser l'Asie. (87, 97)
Var : v. 256 : qu'il vous veut présenter. (76, 87)

La Reyne vient. Adieu. Vantez luy vostre zele,
Découurez cet orgueil qui vous rend digne d'elle.
Pour moy, ie troublerois vn si noble entretien,
Et vos cœurs rougiroient des foiblesses du mien.

SCENE III.

PORVS, AXIANE.

AXIANE.

265   QVoy, Taxile me fuit? Quelle cause impréueuë?...

PORVS.

Il fait bien de cacher sa honte à vostre veuë;
Et puis qu'il n'ose plus s'exposer aux hazards,
De quel front pourroit-il soûtenir vos regards?   [260]
Mais quittons-le, Madame, & puis qu'il veut se rendre,
270   Laissons-le auec sa Sœur adorer Alexandre.
Retirons-nous d'vn Camp, où l'encens à la main,
Le fidelle Taxile attend son Souuerain.

AXIANE.

Mais, Seigneur, que dit-il?

PORVS.

Il en fait trop paraistre.
Cet Esclaue déja m'ose vanter son Maistre,
275   Il veut que ie le serue...

AXIANE.

Ah! sans vous emporter,
Souffrez que mes efforts tâchent de l'arrester.

Var : v. 265 : Quelle cause inconnuë... (76, 87, 97)
Var : v. 269 : Mais laissons le, (97)
Var : v. 270 : Qu'il aille auec sa Soeur (72, 76, 87, 97)

Ses soûpirs, malgré moy, m'assûrent qu'il m'adore.
Quoy qu'il en soit, souffrez que ie luy parle encore,   [270]
Et ne le forçons point, par ce cruel mépris,
280   D'acheuer vn dessein qu'il peut n'auoir pas pris.

PORVS.

Hé quoy, vous en doutez? & vostre ame s'assûre
Sur la foy d'vn Amant infidelle, & parjure,
Qui veut à son Tyran vous liurer aujourd'huy,
Et croit en vous donnant, vous obtenir de luy?
285   Hé bien, Madame, aidez-le à vous trahir vous-méme,
Il vous peut arracher à mon amour extréme;
Mais il ne peut m'oster, par ses efforts jaloux,
La gloire de combattre & de mourir pour vous.   [280]

AXIANE.

Et vous croyez qu'apres vne telle insolence,
290   Mon amitié, Seigneur, seroit sa récompense?
Vous croyez que mon coeur s'engageant sous sa loy,
Ie souscrirois au don qu'on luy feroit de moy?
Pouuez-vous, sans rougir, m'accuser d'vn tel crime?
Ay-je fait pour ce Prince éclater tant d'estime?
295   Entre Taxile & vous, s'il falloit prononcer,
Seigneur, le croyez-vous qu'on me vist balancer?
Sçay-je pas que Taxile est vne Ame incertaine,
Que l'Amour le retient quand la crainte l'entraisne?   [290]
Sçay-je pas que sans moy sa timide valeur
300   Succomberoit bientost aux ruses de sa Soeur?
Vous sçauez qu'Alexandre en fit sa Prisonniere,
Et qu'enfin cette Soeur retourna vers son Frere;
Mais ie connus bientost qu'elle auoit entrepris,
De l'arrester au piege où son coeur estoit pris.

PORVS.

305   Et vous pouuez encor demeurer aupres d'elle?
Que n'abandonnez-vous cette Soeur criminelle?
Pourquoy par tant de soins voulez-vous épargner
Vn Prince...

Var: v. 285 : Hé bien, aidez-le donc (72, 76, 87, 97)

AXIANE.

C'est pour vous que ie le veux gagner. [300]
Vous verray-je accablé du soin de nos Prouinces,
310 Attaquer seul vn Roy vainqueur de tant de Princes?
Mon coeur dans vn Riual vous cherche vn Défenseur,
Qui combatte Alexandre en dépit de sa Soeur.
Que n'auez-vous pour moy cette ardeur empressée?
Mais d'un soin si commun vostre Ame est peu blessée.
315 Pourveu que ce grand coeur périsse noblement,
Ce qui suiura sa mort le touche foiblement.
Vous me voulez liurer sans secours, sans azile,
Au courroux d'Alexandre, à l'amour de Taxile, [310]
Qui me traittant bientost en superbe Vainqueur,
320 Pour prix de vostre mort demandera mon coeur.
Hé bien, Seigneur, allez. Contentez vostre enuie,
Combattez, oubliez le soin de vostre vie.
Oubliez que le Ciel fauorable à vos voeux,
Vous préparoit peut-estre vn sort assez heureux.
325 Peut-estre qu'à son tour Axiane charmée,
Alloit... Mais non, Seigneur, courez vers vostre Armée;
Vn si long entretien vous seroit ennuyeux,
Et c'est vous retenir trop long-temps en ces lieux. [320]

PORVS.

Ah! Madame, arrestez, & connoissez ma flâme,
330 Ordonnez de mes jours, disposez de mon ame,
La Gloire y peut beaucoup, ie ne m'en cache pas,
Mais que n'y peuuent pas tant de diuins appas!
Ie ne vous diray point que pour vaincre Alexandre,
Vos Soldats & les miens alloient tout entreprendre;
335 Que c'estoit pour Porus vn bonheur sans égal,
D'en triompher tout seul aux yeux de son Riual.
Ie ne vous dis plus rien. Parlez en Souueraine,
Mon coeur met à vos pieds & sa gloire, & sa haine. [330]

AXIANE.

Ne craignez rien; ce coeur qui veut bien m'obeïr,
340 N'est pas entre des mains qui le puissent trahir.

Var : v. 311 : Je vous veux dans Taxile offrir un Défenseur, (76, 87, 97)
Var : v. 336 : De triompher (76, 87, 97)

Non, ie ne prétens pas, jalouse de sa gloire,
Arrester vn Héros qui court à la Victoire.
Contre vn fier Ennemy précipitez vos pas,
Mais de vos Alliez ne vous séparez pas.
345   Ménagez les, Seigneur, & d'vne ame tranquile
Laissez agir mes soins sur l'esprit de Taxile;
Montrez en sa faueur des sentimens plus doux,
Ie le vais engager à combattre pour vous.   [340]

PORVS.

Hé bien, Madame, allez, i'y consens auec joye;
350   Voyons Ephestion, puisqu'il faut qu'on le voye.
Mais sans perdre l'espoir de le suiure de pres,
I'attens Ephestion, & le combat apres.

Fin du Premier Acte.

ACTE II.

SCENE PREMIERE.

CLEOPHILE, EPHESTION.

EPHESTION.

OVY, tandis que vos Rois déliberent ensemble,
Et que tout se prépare au Conseil qui s'assemble,
355 Madame, permettez que ie vous parle aussy
Des secrettes raisons qui m'ameinent icy.
Fidelle Confident du beau feu de mon Maistre,
Souffrez que ie l'explique aux yeux qui l'ont fait naistre, [350]
Et que pour ce Héros, i'ose vous demander
360 Le repos qu'à vos Rois il veut bien accorder.
Apres tant de soûpirs, que faut-il qu'il espere?
Attendez-vous encore apres l'aueu d'vn Frere?
Voulez-vous que son coeur, incertain & confus,
Ne se donne iamais sans craindre vos refus?
365 Faut-il mettre à vos pieds le reste de la Terre?
Faut-il donner la Paix? faut-il faire la Guerre?
Prononcez. Alexandre est tout prest d'y courir,
Ou pour vous meriter, ou pour vous conquerir. [360]

CLEOPHILE.

Puis-je croire qu'vn Prince, au comble de sa gloire,
370 De mes foibles attraits garde encor la memoire?
Que traisnant apres luy la Victoire & l'effroy,
Il se puisse abaisser à soûpirer pour moy?
Des Captifs comme luy brisent bientost leur chaisne,
A de plus hauts desseins la Gloire les entraisne,
375 Et l'Amour dans leurs coeurs interrompu, troublé,
Sous le faix des Lauriers est bientost accablé.
Tandis que ce Héros me tint sa Prisonniere,
I'ay pû toucher son coeur d'vne atteinte legere; [370]
Mais ie pense, Seigneur, qu'en rompant mes liens,
380 Alexandre à son tour brisa bientost les siens.

Var : v. 369 : au comble de la gloire, (76, 87, 97)

EPHESTION.

Ah! si vous l'auiez veu brûlant d'impatience,
Conter les tristes jours d'vne si longue absence,
Vous sçauriez que l'Amour précipitant ses pas,
Il ne cherchoit que vous en courant aux combats.
385   C'est pour vous qu'on l'a veu, vainqueur de tant de Princes,
D'vn cours impétueux, trauerser vos Prouinces,
Et briser en passant, sous l'effort de ses coups,
Tout ce qui l'empeschoit de s'approcher de vous.   [380]
On voit en mesme champ vos Drapeaux & les nostres,
390   De ses retranchemens il découure les vostres;
Mais apres tant d'exploits, ce timide Vainqueur,
Craint qu'il ne soit encor bien loin de vostre coeur.
Que luy sert de courir de contrée en contrée,
S'il faut que de ce coeur vous luy fermiez l'entrée?
395   Si pour ne point répondre à de sinceres voeux,
Vous cherchez chaque jour à douter de ses feux?
Si vostre esprit armé de mille défiances...

CLEOPHILE.

Hélas! de tels soupçons sont de foibles défenses;   [390]
Et nos coeurs se formant mille soins superflus,
400   Doutent toûjours du bien qu'ils souhaitent le plus.
Oüy, puis que ce Héros veut que i'ouure mon ame,
I'écoute auec plaisir le recit de sa flâme;
Ie craignois que le temps n'en eust borné le cours,
Ie souhaite qu'il m'aime, & qu'il m'aime toûjours.
405   Ie dis plus. Quand son bras força nostre Frontiere,
Et dans les murs d'Omphis m'arresta Prisonniere,
Mon coeur qui le voyoit Maistre de l'Vniuers,
Se consoloit déja de languir dans ses fers;   [400]
Et loin de murmurer contre vn Destin si rude,
410   Il s'en fit, ie l'auouë, vne douce habitude,
Et de sa liberté perdant le souuenir,
Mesme en la demandant, craignoit de l'obtenir.
Iugez si son retour me doit combler de joye.
Mais tout couuert de sang, veut-il que ie le voye?
415   Est-ce comme Ennemy qu'il se vient présenter,
Et ne me cherche-t'il que pour me tourmenter?

EPHESTION.

Non, Madame, vaincu du pouuoir de vos charmes,
Il suspend aujourd'huy la terreur de ses armes.   [410]
Il présente la Paix à des Rois aueuglez,
420   Et retire la main qui les eust accablez.
Il craint que la Victoire à ses voeux trop facile,
Ne conduise ses coups dans le sein de Taxile;
Son courage sensible à vos justes douleurs,
Ne veut point de lauriers arrosez de vos pleurs.
425   Fauorisez les soins où son amour l'engage,
Exemptez sa valeur d'vn si triste auantage,
Et disposez des Rois qu'épargne son courroux,
A receuoir vn bien qu'ils ne doivent qu'à vous.   [420]

CLEOPHILE.

N'en doutez point, Seigneur, mon ame inquietée,
430   D'vne crainte si juste est sans cesse agitée;
Ie tremble pour mon Frere, & crains que son trépas,
D'vn Ennemy si cher n'ensanglante le bras.
Mais en vain ie m'oppose à l'ardeur qui l'enflame,
Axiane & Porus tyrannisent son ame;
435   Les charmes d'vne Reyne, & l'exemple d'vn Roy,
Dés que ie veux parler, s'éleuent contre moy.
Que n'ay-je point à craindre en ce desordre extréme?
Ie crains pour luy, ie crains pour Alexandre méme;   [430]
Ie sçais qu'en l'attaquant, cent Rois se sont perdus,
440   Ie sçais tous ses exploits; mais ie connois Porus.
Nos Peuples qu'on a veus triomphans à sa suite,
Repousser les efforts du Persan & du Scythe,
Et tout fiers des lauriers dont il les a chargez,
Vaincront à son exemple, ou périront vengez.
445   Et ie crains...

EPHESTION.

Ah! quittez vne crainte si vaine,
Laissez courir Porus où son malheur l'entraisne;
Que l'Inde en sa faueur arme tous ses Estats,
Et que le seul Taxile en détourne ses pas.   [440]
Mais les voicy.

CLEOPHILE.

Seigneur, acheuez vostre ouurage,
450   Par vos sages conseils dissipez cet orage;
Ou s'il faut qu'il éclate, au moins souuenez-vous
De le faire tomber sur d'autres que sur nous.

SCENE II.

PORVS, TAXILE, EPHESTION.

EPHESTION.

AVant que le Combat qui menasse vos testes,
Mette tous vos Estats au rang de nos Conquestes,
455   Alexandre veut bien differer ses Exploits,
Et vous offrir la Paix pour la derniere fois.
Vos Peuples préuenus de l'espoir qui vous flate,
Prétendoient arrester le Vainqueur de l'Euphrate;   [450]
Mais l'Hydaspe malgré tant d'Escadrons épars,
460   Voit enfin sur ses bords floter nos Etendars.
Vous les verriez plantez jusques sur vos tranchées,
Et de sang & de morts vos Campagnes jonchées,
Si ce Héros couuert de tant d'autres Lauriers,
N'eust luy-méme arresté l'ardeur de nos Guerriers.
465   Il ne vient point icy, soüillé du sang des Princes,
D'vn triomphe barbare effrayer vos Prouinces,
Et cherchant à briller d'vne triste splendeur,
Sur le tombeau des Rois éleuer sa Grandeur.   [460]
Mais vous-mémes trompez d'vn vain espoir de gloire,
470   N'allez point dans ses bras irriter la Victoire,
Et lors que son courroux demeure suspendu,
Princes, contentez-vous de l'auoir attendu.
Ne differez point tant à luy rendre l'hommage,
Que vos coeurs, malgré vous, rendent à son courage;
475   Et receuant l'appuy que vous offre son bras,
D'vn si grand Défenseur honorez vos Estats.
Voila ce qu'vn grand Roy veut bien vous faire entendre,
Prest à quitter le fer, & prest à le reprendre.   [470]
Vous sçauez son dessein. Choisissez aujourd'huy,
480   Si vous voulez tout perdre, ou tenir tout de luy.

TAXILE.

Seigneur, ne croyez point qu'vne haine barbare
Nous fasse méconnoistre vne vertu si rare,
Et que dans leur orgueil, nos Peuples affermis,
Veüillent malgré vous-méme estre vos Ennemis.
485 Nous rendons ce qu'on doit aux illustres exemples,
Vous adorez des Dieux qui nous doiuent leurs Temples.
Des Héros qui chez vous passoient pour des Mortels,
En venant parmy nous, ont trouué des Autels. [480]
Mais en vain l'on prétend chez des Peuples si braues,
490 Au lieu d'Adorateurs, se faire des Esclaues,
Croyez-moy, quelque éclat qui les puisse toucher,
Ils refusent l'encens qu'on leur veut arracher.
Assez d'autres Estats deuenus vos Conquestes,
Sous le joug d'Alexandre ont veu ployer leurs testes:
495 Apres tant de Sujets à ses armes soûmis,
N'est-il pas temps, Seigneur, qu'il cherche des Amis?
Tout ce Peuple captif, qui tremble au nom d'vn Maistre,
Soûtient mal vn pouuoir qui ne fait que de naistre; [490]
Pour secoüer le joug, les yeux toûjours ouuerts,
500 Vostre Empire n'est plein que d'Ennemis couuerts.
Le Bactrien conquis, reprend son Diadéme,
Vos fers trop étendus se relâchent d'eux-méme,
Et déja dans leur coeur les Scythes mutinez,
Vont sortir de la chaisne, où vous nous destinez.
505 Essayez, en prenant nostre amitié pour gage,
Ce que peut vne Foy qu'aucun serment n'engage;
Laissez vn Peuple au moins qui puisse quelquefois
Applaudir sans contrainte au bruit de vos exploits. [500]
Ie reçois à ce prix l'amitié d'Alexandre.
510 Et ie l'attens déja, comme vn Roy doit attendre
Vn Héros dont la Gloire accompagne les pas,
Qui peut tout sur mon coeur, & rien sur mes Estats.

PORVS.

Ie croyois, quand l'Hydaspe assemblant ses Prouinces,
Au secours de ses bords fit voler tous ses Princes,

Var : v. 481 : une fierté barbare (97)
Var : v. 484 : Prétendent malgré vous (76, 87, 97)
Var : v. 494 : De leurs Rois, sous le joug ont veû ployer les testes. (76, 87, 97)
Var : v. 495 : Apres tous ces Estats qu'Alexandre a soûmis, (76, 87, 97)
Var : v. 499 : Ils ont, pour s'affranchir, (76, 87, 97)
Var : v. 501 : Quelques Rois ont déja repris leurs Diadémes. (72)
Var : v. 501 : Ils pleurent en secret leurs Rois sans Diadémes. (76, 87, 97)

515   Qu'il n'auoit auec moy, dans des desseins si grands,
           Engagé que des Rois ennemis des Tyrans.
           Mais puis qu'vn Roy flatant la main qui nous menace,
           Parmy ses Alliez brigue vne indigne place,   [510]
           Ie soûtiendray ma gloire, & répondant en Roy,
520   Ie vais parler icy pour la Reyne & pour moy.
           Que vient chercher icy le Roy qui vous enuoye?
           Quel est ce grand secours que son bras nous octroye?
           De quel front ose-t'il prendre sous son appuy,
           Des Peuples qui n'ont point d'autre Ennemy que luy?
525   Auant que sa fureur rauageast tout le Monde,
           L'Inde se reposoit dans vne Paix profonde;
           Et si quelques Voisins en troubloient les douceurs,
           Il portoit dans son sein d'assez bons Défenseurs.   [520]
           Pourquoy nous attaquer? Par quelle barbarie
530   A-t'on de vostre Maistre excité la furie?
           Vit-on iamais chez luy nos Peuples en courroux
           Desoler vn Païs inconnu parmy nous?
           Faut-il que tant d'Estats, de Deserts, de Riuieres,
           Soient entre nous & luy d'impuissantes barrieres?
535   Et ne sçauroit-on viure au bout de l'Vniuers,
           Sans connoistre son nom, & le poids de ses fers?
           Quelle étrange valeur! qui ne cherchant qu'à nuire,
           Embrase tout, si-tost qu'elle commence à luire,   [530]
           Qui n'a que son orgueil pour regle & pour raison,
540   Qui veut que l'Vniuers ne soit qu'vne Prison,
           Et que Maistre absolu de tous tant que nous sommes,
           Ses Esclaues en nombre égalent tous les hommes.
           Plus d'Estats, plus de Roys. Ses sacrileges mains
           Dessous vn mesme joug rangent tous les humains.
545   Dans son auide orgueil ie sçais qu'il nous deuore.
           De tant de Souuerains nous seuls regnons encore.
           Mais que dis-je nous seuls? Il ne reste que moy,
           Où l'on découure encor les vestiges d'vn Roy.   [540]
           Mais c'est pour mon courage vne illustre matiere,
550   Ie voy d'vn oeil content trembler la Terre entiere,
           Afin que par moy seul les Mortels secourus
           S'ils sont libres, le soient de la main de Porus,
           Et qu'on dise par tout dans vne paix profonde;
           Alexandre vainqueur eust domté tout le Monde,
555   Mais vn Roy l'attendoit au bout de l'Vniuers,
           Par qui le Monde entier a veu briser ses fers.

Var : v. 519-20 : C'est à moy de répondre aux voeux de mon Païs,
             Et de parler pour ceux que Taxile a trahis. (76, 87, 97)
Var : v. 521 : un Roi (87)

EPHESTION.

Vôtre projet du moins nous marque vn grand courage:
Mais, Seigneur, c'est bien tard s'opposer à l'orage.   [550]
Si le Monde panchant n'a plus que cét appuy
560   Ie le plains, & vous plains vous mesme autant que luy.
Ie ne vous retiens point. Marchez contre mon Maistre.
Ie voudrois seulement qu'on vous l'eust fait connaistre,
Et que la Renommée eust voulu par pitié
De ses Exploits au moins vous conter la moitié.
565   Vous verriez...

PORVS.

                    Que verrois-je? Et que pourrois-je apprendre
Qui m'abaisse si fort au dessous d'Alexandre?
Seroit-ce sans effort les Persans subjuguez,
Et vos bras tant de fois de meurtres fatiguez?   [560]
Quelle gloire en effet d'accabler la foiblesse
570   D'vn Roy déja vaincu par sa propre mollesse,
D'vn Peuple sans vigueur & presque inanimé,
Qui gemissoit sous l'or dont il estoit armé,
Et qui tombant en foule, au lieu de se défendre,
N'opposoit que des morts au grand coeur d'Alexandre?
575   Tout le reste ébloüy de ses moindres exploits
Sont venus à genoux luy demander des loix,
Et leur crainte écoutant ie ne sçais quels Oracles
Ils n'ont pas crû qu'vn Dieu pût trouuer des obstacles.   [570]
Mais nous, qui d'vn autre oeil jugeons des Conquerans,
580   Nous sçauons que les Dieux ne sont pas des Tyrans,
Et de quelque façon qu'vn Esclaue le nomme,
Le Fils de Iuppiter passe icy pour vn homme.
Nous n'allons point de fleurs parfumer son chémin,
Il nous trouue par tout les armes à la main.
585   Il voit à chaque pas arrester ses Conquestes.
Vn seul Rocher icy luy couste plus de testes,
Plus de soins, plus d'assauts, & presque plus de temps
Que n'en couste à son bras l'Empire des Persans.   [580]
Ennemis du repos qui perdit ces Infames,
590   L'or qui naist sous nos pas, ne corromp point nos ames.
La Gloire est le seul bien qui nous puisse tenter,
Et le seul que mon coeur cherche à luy disputer.
C'est elle...

Var : v. 567 : sans efforts (87, 97)
Var : v. 575 : Les autres ébloüis (76, 87, 97)

EPHESTION *en se leuant.*

        Et c'est aussi ce que cherche Alexandre.
        A de moindres objets son coeur ne peut descendre.
595   C'est ce qui l'arrachant du sein de ses Estats,
        Au trosne de Cyrus luy fit porter ses pas,
        Et du plus ferme Empire ébranlant les Colonnes,
        Attaquer, conquerir, & rendre les Couronnes.   [590]
        Et puisque vostre orgueil ose luy disputer
600   La gloire du pardon qu'il vous fait présenter,
        Vos yeux dés aujourd'huy témoins de sa Victoire,
        Verront de quelle ardeur il combat pour la Gloire,
        Bien-tost le fer en main vous le verrez marcher.

PORVS.

        Allez donc, je l'attens, ou ie le vais chercher.

SCENE III.

PORVS, TAXILE.

TAXILE.

605   QVoy voulez-vous au gré de vostre impatience...

PORVS.

        Non, ie ne prétens point troubler vostre alliance.
        Ephestion aigry seulement contre moy,
        De vos soûmissions rendra conte à son Roy.   [600]
        Les troupes d'Axiane à me suiure engagées
610   Attendent le combat sous mes drapeaux rangées,
        De son trosne & du mien ie soûtiendray l'éclat.
        Et vous serez, Seigneur, le juge du combat.
        A moins que vostre coeur animé d'vn beau zele
        De ses nouueaux Amis n'embrasse la querelle.

Var : v. 598 : donner les Couronnes. (97)
Var : v. 605 : QVoy vous voulez (76, 87, 97)
Var : v. 614 : De vos nouveaux Amis (76, 87, 97)

SCENE IV.

AXIANE, PORVS, TAXILE.

AXIANE. *à Taxile.*

615   AH! que dit-on de vous, Seigneur? Nos Ennemis
Vous content hautement au rang de leurs Amis.
Ils se vantent déja qu'vn Roy qui les respecte...

TAXILE.

La foy d'vn Ennemy doit estre vn peu suspecte,   [610]
Madame, auec le temps ils me connoistront mieux.

AXIANE.

620   Démentez donc, Seigneur, ce bruit injurieux,
De ceux qui l'ont semé confondez l'insolence.
Allez comme Porus les forcer au silence,
Et leur faire sentir par vn juste courroux,
Qu'ils n'ont point d'ennemy plus funeste que vous.

TAXILE.

625   Madame, ie m'en vais disposer mon armée.
Escoutez moins ce bruit qui vous tient allarmée.
Porus fait son deuoir, & ie feray le mien.

SCENE V.

AXIANE, PORVS.

AXIANE.

CEtte sombre froideur ne m'en dit pourtant rien,   [620]
Lasche, & ce n'est point là pour me le faire croire,

Var : v. 616-17 : Se vantent que Taxile est à moitié soûmis,
        Qu'il ne marchera point contre un Roy qu'il respecte. (97)

630   La démarche d'vn Roy qui court à la Victoire.
       Il n'en faut plus douter. Et nous sommes trahis.
       Il immole à sa Soeur sa gloire & son païs,
       Et sa haine, Seigneur, qui cherche à vous abbattre
       Attend pour éclater que vous alliez combattre.
635   O dieux!

                        PORVS.

       Son changement me dérobe vn appuy,
       Que ie connoissois trop pour m'assurer sur luy.
       Mes yeux sans se troubler ont veû son inconstance.
       Ie craignois beaucoup plus sa molle resistance.   [630]
       Vn Traistre en nous quittant pour complaire à sa soeur,
640   Nous affoiblit bien moins qu'vn lasche Défenseur.

                        AXIANE.

       Et cependant, Seigneur, qu'allez-vous entreprendre?
       Vous marchez sans conter les forces d'Alexandre,
       Et courant presque seul au deuant de leurs coups,
       Contre tant d'Ennemis vous n'opposez que vous.

                        PORVS.

645   Hé quoy? Voudriez-vous qu'à l'exemple d'vn Traistre,
       Ma frayeur conspirast à vous donner vn Maistre?
       Que Porus dans vn camp se laissant arrester,
       Refusast le combat qu'il vient de présenter?   [640]
       Non, non, ie n'en crois rien. Ie connoy mieux, Madame,
650   Le beau feu que la Gloire allume dans vostre ame.
       C'est vous, ie m'en souuiens, dont les puissans appas,
       Excitoient tous nos Roys, les traisnoient aux combats,
       Et de qui la fierté refusant de se rendre
       Ne vouloit pour Amant qu'vn vainqueur d'Alexandre.
655   Il faut vaincre, & j'y cours, bien moins pour éuiter
       Le titre de Captif, que pour le meriter.
       Oüy, Madame, ie vais dans l'ardeur qui m'entraisne
       Victorieux ou mort meriter vostre chaisne.   [650]
       Et puisque mes soûpirs s'expliquoient vainement
660   A ce coeur que la Gloire occupe seulement,

_____

Var : v. 635 : [PORUS] Madame, en le perdant je perds un foible appui, (87, 97)
Var : v. 636 : Je le connoissois (87, 97)

Ie m'en vais par l'éclat qu'vne Victoire donne
Attacher de si prés la Gloire à ma Personne,
Que ie pourray peut-estre amener vostre coeur,
De l'amour de la Gloire à l'Amour du Vainqueur.

AXIANE.

665   Hé bien, Seigneur, allez. Taxile aura peut-estre
Des sujets dans son camp plus braues que leur Maistre.
Ie vais les exciter par vn dernier effort,
Apres dans vostre Camp j'attendray vostre sort.   [660]
Ne vous informez point de l'estat de mon ame.
670   Triomphez & vivez.

PORVS.

                  Qu'attendez-vous, Madame?
Pourquoy dés ce moment ne puis-je pas sçauoir
Si mes tristes soûpirs ont pû vous émouuoir?
Voulez-vous (car le sort, adorable Axiane,
A ne vous plus reuoir peut-estre me condamne)
675   Voulez-vous qu'en mourant ce coeur infortuné
Ignore à quelle gloire il estoit destiné?
Parlez.

AXIANE.

Que vous diray-je?

PORVS.

                Ah, diuine Princesse,
Si vous sentiez pour moy quelque heureuse foiblesse,   [670]
Ce coeur qui me promet tant d'estime en ce iour
680   Me pourroit bien encor promettre vn peu d'amour.
Contre tant de soûpirs peut-il bien se défendre?
Peut-il...

AXIANE.

Allez, Seigneur, marchez contre Alexandre,

Var : v. 675 : Voulez-vous qu'en mourant, un Prince infortuné (76, 87, 97)

La Victoire est à vous, si ce fameux Vainqueur
Ne se défend pas mieux contre vous que mon coeur.

Fin du second Acte.

ACTE III.

SCENE PREMIERE.

AXIANE, CLEOPHILE.

AXIANE.

685 QVOY, Madame, en ces lieux on me tient enfermée?
Ie ne puis au combat voir marcher mon Armée?
Et commençant sur moy sa noire trahison,
Taxile de son Camp me fait vne Prison? [680]
C'est donc là cette ardeur qu'il me faisoit paraistre?
690 Cét humble Adorateur se déclare mon Maistre?
Et déja son amour lassé de ma rigueur
Captiue ma Personne au defaut de mon coeur?

CLEOPHILE.

Expliquez mieux les soins, & les justes allarmes
D'vn Roy qui pour vainqueurs ne connoist que vos charmes,
695 Et regardez, Madame, auec plus de bonté
L'ardeur qui l'interesse à vostre seureté.
Tandis qu'autour de nous deux puissantes Armées
D'vne égale fierté l'vne & l'autre animées [690]
De leur fureur par tout font voler les éclats,
700 De quel autre costé conduiriez-vous vos pas?
Ou pourriez-vous ailleurs éuiter la tempeste?
Vn plein calme en ces lieux asseure vostre teste,
Tout est tranquille...

AXIANE.

Et c'est cette tranquillité
Dont je ne puis souffrir l'indigne seureté.
705 Quoy lors que mes sujets mourant dans vne plaine,
Sur les pas de Porus combattent pour leur Reine,
Qu'au prix de tout leur sang ils signalent leur foy,

Var : v. 687 : Et commençant par moy (76, 87, 97)
Var : v. 694 : vainqueur (87, 97)
Var : v. 698 : D'une égale chaleur au combat animées, (87, 97)

Que le cry des mourans vient presque jusqu'à moy,   [700]
On me parle de Paix? & le Camp de Taxile
710   Garde dans ce desordre vne assiette tranquile,
On flatte ma douleur d'vn calme injurieux,
Sur des objets de joye on arreste mes yeux.

CLEOPHILE.

Madame, voulez-vous que l'amour de mon Frere
Abandonne aux perils vne teste si chere?
715   Il sçait trop les hazards...

AXIANE.

                              Et pour m'en détourner
Ce genereux Amant me fait emprisonner?
Et tandis que pour moy son Riual se hazarde,
Sa paisible valeur me sert icy de garde?   [710]
Ah Madame! s'il m'aime il le témoigne mal.
720   Ses lasches soins ne font qu'auancer son Riual.
Il deuoit dans vn champ plein d'vne noble enuie,
Luy disputer mon coeur, & le soin de ma vie,
Balancer mon estime, & comme luy courir
Bien moins pour me sauuer que pour me conquerir.

CLEOPHILE.

725   D'vn refus si honteux il craint peu les reproches.
Il n'a point du combat éuité les approches.
Il en eust partagé la gloire & le danger,
Mais Porus auec luy ne veut rien partager.
Il auroit crû trahir son illustre colere
730   Que d'attendre vn moment le secours de mon Frere.

AXIANE.

Vn si lent Défenseur, quel que soit son amour,
Se seroit fait, Madame, attendre plus d'vn jour.
Non, non, vous joüissez d'vne pleine assurance,
Vostre Amant, vostre Frere estoient d'intelligence,
735   Le lasche qui dans l'ame estoit dêja rendu,

Var : v. 719-38 : vers supprimés (72, 76, 87, 97)

Ne cherchoit qu'à nous vendre apres s'estre vendu.
Et vous m'osez encor parler de vostre Frere?
Ah de ce camp, Madame, ouurez-moy la barriere...

CLEOPHILE.

Que Porus est heureux! le moindre éloignement   [711]
740   A vostre impatience est vn cruel tourment.
Et si l'on vous croyoit, le soin qui vous trauaille
Vous le feroit chercher jusqu'au champ de bataille.

AXIANE.

Ie ferois plus, Madame. Vn mouuement si beau
Me le feroit chercher jusques dans le tombeau,
745   Perdre tous mes Estats, & voir d'vn oeil tranquile
Alexandre en payer le coeur de Cleophile.

CLEOPHILE.

Si vous cherchez Porus, sans nous abandonner
Alexandre en ces lieux pourra le ramener.   [720]
Permettez que veillant au soin de vostre teste,
750   A cét heureux Amant l'on garde sa conqueste.

AXIANE.

Vous triomphez, Madame, & déja vostre coeur
Vole vers Alexandre, & le nomme vainqueur.
Mais sur la seule foy d'vn amour qui vous flate,
Peut-estre auant le temps ce grand orgueil éclate,
755   Vous poussez vn peu loin vos voeux précipitez,
Et vous croyez trop tost ce que vous souhaittez.
Oüy, oüy...

CLEOPHILE.

Mon Frere vient, & nous allons apprendre
Qui de nous deux, Madame, aura pû se méprendre.   [730]

Var : v. 747 : Si vous cherchez Porus, pourquoy m'abandonner? (76, 87, 97)

AXIANE.

Ah je n'en doute plus, & ce front satisfait
760   Dit assez à mes yeux que Porus est défait.

SCENE II.

TAXILE, AXIANE, CLEOPHILE.

TAXILE.

MAdame, si Porus auec moins de colere
Eust suiuy les conseils d'vne amitié sincere,
Il m'auroit en effet épargné la douleur
De vous venir moy-mesme annoncer son malheur.

AXIANE.

765   Quoy Porus...

TAXILE.

                    C'en est fait. Et sa valeur trompée
Des maux que j'ay préueus se voit enueloppée.
Ce n'est pas (car mon coeur respectant sa vertu
N'accable point encore vn Riual abbattu)   [740]
Ce n'est point que son bras disputant la victoire
770   N'en ait aux Ennemis ensanglanté la gloire,
Qu'elle-mesme attachée à ses faits éclatans
Entre Alexandre & luy n'ait douté quelque temps.
Mais enfin contre moy sa vaillance irritée
Auec trop de chaleur s'estoit precipitée.
775   I'ay veû ses bataillons rompus & renuersez,
Vos soldats en desordre & les siens dispersez,
Et luy-mesme à la fin entraisné dans leur fuite,
Malgré luy du Vainqueur éuiter la poursuite,   [750]
Et de son vain courroux trop tard desabusé,
780   Souhaitter le secours qu'il auoit refusé.

AXIANE.

Qu'il auoit refusé, lasche? Pour ta Patrie,
Ton infame courage attend donc qu'on le prie?
Il faut donc malgré toy te traisner aux combats
Et te forcer toy-mesme à sauuer tes Estats?
785   L'exemple de Porus, puis qu'il faut qu'on t'y porte,
Dy moy, n'estoit-ce pas vne voix assez forte?
Ce Heros en peril, ta Maistresse en danger,
Tout l'Estat perissant n'a pû t'encourager? [760]
Va, tu sers bien le Maistre à qui ta soeur te donne.
790   Acheue, & fay de moy ce que sa haine ordonne.
Garde à tous les Vaincus vn traittement égal,
Enchaisne ta Maistresse auecque ton Riual.
Aussi bien, ç'en est fait. Sa disgrace, & ton crime
Ont placé dans mon coeur ce Heros magnanime.
795   Ie l'adore, & je veux auant la fin du jour
Déclarer à la fois ma haine, & mon amour,
Luy voüer à tes yeux vne amitié fidelle,
Et te jurer aux siens vne haine immortelle. [770]
Adieu, tu me connois. Ayme-moy si tu veux.

TAXILE.

800   Ah! n'esperez de moy que de sinceres voeux,
Madame, n'attendez ny menasses ny chaisnes,
Alexandre sçait mieux ce qu'on doit à des Reines,
Souffrez que sa douceur vous oblige à garder,
Vn Sceptre que Porus deuoit moins hazarder,
805   Et moy-mesme en aueugle on me verroit combattre
La sacrilege main qui le voudroit abbattre.

AXIANE.

Quoy par l'vn de vous deux mon Sceptre r'affermy,
Deuiendroit dans mes mains le don d'vn Ennemy? [780]
Et sur mon propre trosne on me verroit placée
810   Par le mesme Tyran qui m'en auroit chassée?

Var : v. 781 : Qu'il auoit refusé? Quoy donc? (72, 76, 87, 97)
Var : v. 782 : Ton indigne courage attend que l'on te prie? (72, 76, 87, 97)
Var : v. 792 : en livrant ton Rival. (97)
Var : v. 804 : Un Trône (97)

TAXILE.

Des Reines & des Rois vaincus par sa valeur,
Ont laissé par ses soins adoucir leur malheur,
Voyez de Darius & la Femme & la Mere,
L'vne le traitte en Fils, l'autre le traitte en Frere.

AXIANE.

815   Non, non, je ne sçay point vendre mon amitié,
Caresser vn Tyran, & regner par pitié.
Penses-tu que j'imite vne foible Persane?
Qu'à la Cour d'Alexandre on retienne Axiane?   [790]
Et qu'auec mon Vainqueur courant tout l'Vnivers,
820   I'aille vanter par tout la douceur de ses fers?
S'il donne les Estats, qu'il te donne les nostres,
Qu'il te pare s'il veut des dépoüilles des autres.
Regne, Porus ni moy n'en serons point jaloux.
Et tu seras encor plus esclaue que nous.
825   I'espere qu'Alexandre amoureux de sa gloire,
Et fasché que ton crime ait soüillé sa Victoire,
S'en lavera bien-tost par ton propre trépas.
Des traistres comme toy font souuent des ingrats.   [800]
Et de quelques faueurs que sa main t'éblöuisse,
830   Du perfide Bessus regarde le supplice.
Adieu.

SCENE III.

TAXILE, CLEOPHILE.

CLEOPHILE.

CEdez, mon Frere, à ce boüillant transport.
Alexandre & le temps vous rendront le plus fort.
Et cét aspre courroux quoy qu'elle en puisse dire,
Ne s'obstinera point au refus d'vn Empire.
835   Maistre de ses destins, vous l'estes de son coeur.
Mais dites-moy, vos yeux ont-ils vû le Vainqueur?
Quel traittement, mon Frere, en deuons-nous attendre?

Var : v. 836 : Mais vous venez de voir Alexandre Vainqueur. (72)

Qu'a-t'il dit?

TAXILE.

Oüy, ma soeur, j'ay veû vostre Alexandre.   [810]
D'abord ce jeune éclat, qu'on remarque en ses traits,
840   M'a semblé démentir le nombre de ses faits.
Mon coeur plein de son nom n'osoit je le confesse
Accorder tant de gloire auec tant de jeunesse.
Mais de ce mesme front l'heroïque fierté,
Le feu de ses regards, sa haute Majesté
845   Le font bien-tost connoistre. Et certes son visage
Porte de sa grandeur l'infaillible présage,
Et sa présence auguste appuyant ses projets,
Ses yeux comme son bras font par tout des sujets.   [820]
Il sortoit du combat. Et tout couuert de Gloire,
850   Ie croyois dans ses yeux voir briller la Victoire.
Toutefois à ma veuë oubliant sa fierté,
Il a fait à son tour éclater sa bonté.
Ses transports ne m'ont point déguisé sa tendresse.
"Retournez, m'a-t'il dit, auprés de la Princesse,
855   Disposez ses beaux yeux à reuoir vn Vainqueur
Qui va mettre à ses pieds sa Victoire & son Coeur."
Il marche sur mes pas. Ie n'ay rien à vous dire,
Ma Soeur, de vostre sort je vous laisse l'empire,   [830]
Ie vous confie encor la conduite du mien.

CLEOPHILE.

860   Vous aurez tout pouuoir, ou je ne pourray rien.
Tout va vous obeïr, si le Vainqueur m'écoute.

TAXILE.

Ie vais donc... Mais on vient. C'est luy-mesme, sans doute.

Var : v. 845 : Font connoistre Alexandre, (72, 76, 87, 97)
Var : v. 847 : les projets (87)
Var : v. 849 : Il sortoit du combat. Eblouï de sa Gloire (76, 87, 97)

SCENE IV.

ALEXANDRE, TAXILE, CLEOPHILE,
EPHESTION, *suitte d'Alexandre.*

ALEXANDRE.

ALlez, Ephestion. Que l'on cherche Porus,
Qu'on épargne sa vie, & le sang des vaincus.

SCENE V.

ALEXANDRE, TAXILE, CLEOPHILE.

ALEXANDRE *à Taxile.*

865   SEigneur, est-il donc vray qu'vne Reine aueuglée
        Vous préfere d'vn Roy la valeur déreglée?
        Mais ne le craignez point. Son Empire est à vous.
        D'vne Ingrate à ce prix fléchissez le courroux.   [840]
        Maistre de deux Estats, Arbitre des siens mesmes,
870   Allez auec vos voeux offrir trois Diadémes.

TAXILE.

Ah! c'en est trop, Seigneur, prodiguez vn peu moins...

ALEXANDRE.

Vous pourrez à loisir reconnoistre mes soins.
Ne tardez point. Allez ou l'Amour vous appelle,
Et couronnez vos feux d'vne palme si belle.

SCENE VI.

ALEXANDRE, CLEOPHILE.

ALEXANDRE.

875　MAdame, à son amour je promets mon appuy,
　　Ne puis-je rien pour moy quand je puis tout pour luy?
　　Si prodigue enuers luy des fruits de la Victoire,
　　N'en auray-je pour moy qu'vne sterile gloire?　　　　[850]
　　Les Sceptres deuant vous ou rendus ou donnez,
880　De mes propres lauriers mes Amis couronnez,
　　Les biens que j'ay conquis répandus sur leurs testes,
　　Font voir que je soûpire aprés d'autres Conquestes.
　　Ie vous auois promis que l'effort de mon bras,
　　M'approcheroit bien-tost de vos diuins appas,
885　Mais dans ce mesme temps, souuenez-vous, Madame,
　　Que vous me promettiez quelque place en vostre ame.
　　Ie suis venu. L'amour a combattu pour moy.
　　La Victoire elle-mesme a dégagé ma foy.　　　　　[860]
　　Tout cede autour de vous. C'est à vous de vous rendre.
890　Vostre coeur l'a promis, voudra-t'il s'en défendre?
　　Et luy seul pourroit-il échaper aujourd'huy
　　A l'ardeur d'vn vainqueur qui ne cherche que luy?

CLEOPHILE.

　　Non, je ne prétens pas que ce Coeur inflexible
　　Garde seul contre vous le titre d'inuincible.
895　Ie rends ce que ie dois à l'éclat des vertus
　　Qui tiennent sous vos pieds cent Peuples abbattus.
　　Les Indiens domptez sont vos moindres ouurages.
　　Vous inspirez la crainte aux plus fermes courages.　[870]
　　Et quand vous le voudrez vos bontez à leur tour
900　Dans les coeurs les plus durs inspireront l'amour.
　　Mais, Seigneur, cét éclat, ces victoires, ces charmes,
　　Me troublent bien souuent par de iustes allarmes.
　　Ie crains que satisfait d'auoir conquis vn coeur,
　　Vous ne l'abandonniez à sa triste langueur,
905　Qu'insensible à l'ardeur que vous aurez causée,
　　Vostre ame ne dédaigne vne conqueste aisée.
　　On attend peu d'amour d'vn Heros tel que vous.
　　La Gloire fit tousiours vos transports les plus doux.　[880]
　　Et peut-estre, au moment que ce grand Coeur soûpire,
910　La Gloire de me vaincre est tout ce qu'il desire.

ALEXANDRE.

Que vous connoissez mal les violens desirs
D'vn amour qui vers vous porte tous mes soûpirs!
I'auoüeray qu'autrefois au milieu d'vne Armée
Mon Coeur ne soûpiroit que pour la Renommée,
915 Les Peuples & les Rois deuenus mes sujets,
Estoient seuls à mes voeux d'assez dignes objets.
Les Beautez de l'Asie à mes yeux présentées
Aussi bien que ses Rois ont paru surmontées.   [890]
Mon Coeur d'vn fier mépris armé contre leurs traits,
920 N'a pas du moindre hommage honnoré leurs attraits.
Amoureux de la Gloire, & par tout inuincible,
Il mettoit son bon-heur à paroistre insensible.
Mais helas, que vos yeux ces aimables tyrans,
Ont produit sur mon coeur des effets differens!
925 Ce grand nom de Vainqueur n'est plus ce qu'il souhaitte,
Il vient auec plaisir auoüer sa défaite,
Heureux si vostre coeur se laissant émouuoir,
Vos beaux yeux à leur tour auoüoient leur pouuoir.   [900]
Veulent-ils donc toûjours douter de leur victoire?
930 Toûjours de mes exploits me reprocher la gloire?
Comme si les beaux noeuds où vous me tenez pris,
Ne deuoient arrester que de foibles esprits.
Par des faits tout nouueaux je m'en vais vous aprendre
Tout ce que peut l'amour sur le coeur d'Alexandre.
935 Maintenant que mon bras engagé sous vos lois
Doit soûtenir mon nom & le vostre à la fois,
I'iray rendre fameux par l'éclat de la Guerre
Des Peuples inconnus au reste de la Terre,   [910]
Et vous faire dresser des Autels en des lieux
940 Où leurs sauuages mains en refusent aux Dieux.

CLEOPHILE.

Ouy, vous y traisnerez la Victoire captiue.
Mais je doute, Seigneur, que l'amour vous y suiue,
Tant d'Estats, tant de Mers qui vont nous des-vnir,
M'effaceront bien-tost de vostre souuenir.
945 Quand l'Ocean troublé vous verra sur son onde
Acheuer quelque jour la conqueste du Monde,
Quand vous verrez les Rois tomber à vos genoux,
Et la Terre en tremblant se taire deuant vous,   [920]

Var : v. 917 : Les Beautés de la Perse (87, 97)
Var : v. 929 : Voulez-vous donc (76, 87, 97)

950 Songerez-vous, Seigneur, qu'vne jeune Princesse
Au fonds de ses Estats vous regrette sans cesse,
Et rappelle en son cœur les momens bien-heureux
Ou ce grand Conquerant l'assuroit de ses feux?

ALEXANDRE.

Hé quoy? vous croyez donc qu'à moy-mesme barbare
I'abandonne en ces lieux vne Beauté si rare?
955 Mais vous-mesme plûtost voulez-vous renoncer
Au trosne de l'Asie où je vous veux placer?

CLEOPHILE.

Seigneur, vous le sçauez, ie dépens de mon Frere.

ALEXANDRE.

Ah s'il disposoit seul du bon-heur que j'espere,   [930]
Tout l'Empire de l'Inde asseruy sous ses loix
960 Bien-tost en ma faueur iroit briguer son choix.

CLEOPHILE.

Mon amitié pour luy n'est point interessée.
Appaisez seulement vne Reyne offensée
Et ne permettez pas qu'vn Riual aujourd'huy
Pour vous auoir braué soit plus heureux que luy.

ALEXANDRE.

965 Porus estoit sans doute vn Riual magnanime,
Iamais tant de valeur n'attira mon estime,
Dans l'ardeur du combat ie l'ay veû, ie l'ay joint,
Et ie puis dire encor qu'il ne m'éuitoit point,   [940]
Nous nous cherchions l'vn l'autre. Vne fierté si belle
970 Alloit entre nous deux finir nostre querelle,
Lors qu'vn gros de soldats se jettant entre nous
Nous a fait dans la foule enseuelir nos coups.

SCENE VII.

ALEXANDRE, CLEOPHILE,
EPHESTION.

ALEXANDRE.

HE bien r'amene-t'on ce Prince temeraire?

EPHESTION.

On le cherche par tout. Mais quoy qu'on puisse faire
975   Seigneur, iusques icy sa fuite ou son trespas
Dérobe ce Captif au soin de vos soldats.
Mais vn reste des siens r'alliez de leur fuite,
A du soldat vainqueur arresté la poursuite,   [950]
Leurs bras à quelque effort semblent se préparer.

ALEXANDRE.

980   Obseruez leur dessein sans les desesperer.
Madame, allons fléchir vne fiere Princesse,
Afin qu'à mon amour Taxile s'interesse,
Et puisque mon repos doit dépendre du sien,
Acheuons son bon-heur pour establir le mien.

Fin du troisiéme Acte.

Var : v. 977-78 : Mais un reste des siens entourez dans leur fuite,
        Et du soldat vainqueur arrestant la poursuitte, (76, 87, 97)
Var : v. 979 : A luy vendre leur mort semblent se préparer. (76)
Var : v. 979 : A nous vendre leur mort semblent se preparer. (87, 97)
Var : v. 980 : Qu'on ne leur laisse point le temps de respirer. (72)
Var : v. 980 : Desarmez les vaincus sans les desesperer. (76, 87, 97)

ACTE IV.

SCENE PREMIERE.

AXIANE *seule.*

985	N'ENTENDRONS-nous iamais que des cris de Victoire	
	Qui de mes Ennemis me reprochent la gloire?	
	Et ne pourray-je au moins en de si grands malheurs	
	M'entretenir moy seule auecque mes douleurs.	[960]
	D'vn odieux Amant sans cesse poursuiuie,	
990	On prétend malgré moy m'attacher à la vie.	
	On m'obserue, on me suit. Mais, Porus, ne croy pas	
	Qu'on me puisse empescher de courir sur tes pas.	
	Sans doute à nos malheurs ton Coeur n'a pû suruiure,	
	En vain tant de soldats s'arment pour te poursuiure	
995	On te découuriroit au bruit de tes efforts,	
	Et s'il te faut chercher ce n'est qu'entre les Morts.	
	Helas! en me quittant, ton ardeur redoublée	
	Sembloit préuoir les maux dont ie suis accablée,	[970]
	Lors que tes yeux aux miens découurant ta langueur,	
1000	Me demandoient quel rang tu tenois dans mon coeur,	
	Que sans t'inquieter du succez de tes armes	
	Le soin de ton amour te causoit tant d'allarmes.	
	Et pourquoy te cachois-je auec tant de détours	
	Vn secret si fatal au repos de tes iours?	
1005	Combien de fois tes yeux forçant ma resistance	
	Mon coeur s'est-il veû prest de rompre le silence?	
	Combien de fois sensible à tes ardens desirs	
	M'est-il en ta présence échapé des soûpirs?	[980]
	Mais ie voulois encor douter de ta Victoire.	
1010	I'expliquois mes soûpirs en faueur de la Gloire,	
	Ie croyois n'aimer qu'elle. Ah pardonne, grand Roy,	
	Ie sens bien aujourd'huy que ie n'aimois que toy.	
	I'auoüeray que la Gloire eût sur moy quelque Empire,	
	Ie te l'ay dit cent fois. Mais ie deuois te dire	
1015	Que toy seul en effet m'engageas sous ses loix,	
	I'appris à la connoistre en voyant tes Exploits,	
	Et de quelque beau feu qu'elle m'eust enflammée,	
	En vn autre que toy ie l'aurois moins aimée.	[990]
	Mais que sert de pousser des soûpirs superflus,	
1020	Qui se perdent en l'air, & que tu n'entends plus!	
	Il est temps que mon ame au tombeau descenduë,	
	Te iure vne amitié si long-temps attenduë.	
	Il est temps que mon coeur pour gage de sa foy	
	Monstre qu'il n'a pû viure vn moment apres toy.	

1025   Aussi bien penses-tu que ie voulusse viure
        Sous les loix d'vn Vainqueur à qui ta mort nous liure?
        Ie sçay qu'il se dispose à me venir parler,
        Qu'en me rendant mon Sceptre il veut me consoler.   [1000]
        Il croit peut-estre, il croit que ma haine étouffée
1030   A sa fausse douceur seruira de trophée.
        Qu'il vienne. Il me verra toûjours digne de toy
        Mourir en Reyne ainsi que tu mourus en Roy.

                              SCENE II.

                         ALEXANDRE, AXIANE.

                              AXIANE.

        HE bien, Seigneur, hé bien, trouuez-vous quelques charmes
        A voir couler des pleurs que font verser vos armes?
1035   Ou si vous m'enuiez en l'estat où ie suis
        La triste liberté de pleurer mes ennuis.

                             ALEXANDRE.

        Vostre douleur est libre, autant que legitime.
        Vous regretez, Madame, vn Prince magnanime.   [1010]
        Ie fus son Ennemy. Mais ie ne l'estois pas
1040   Iusqu'a blasmer les pleurs qu'on donne à son trépas.
        Auant que sur ses bords l'Inde me vit paroistre,
        L'éclat de sa vertu me l'auoit fait connoistre.
        Entre les plus grands Roys il se fit remarquer,
        Ie sçauois...

                              AXIANE.

                         Pourquoy donc le venir attaquer?
1045   Par quelle loy faut-il qu'aux deux bouts de la Terre
        Vous cherchiez la Vertu pour luy faire la Guerre?
        Le merite à vos yeux ne peut-il éclater
        Sans pousser vostre orgueil à le persecuter?   [1020]

                             ALEXANDRE.

        Oüy, i'ay cherché Porus. Mais quoy qu'on puisse dire,

1050   Ie ne le cherchois pas afin de le détruire.
        I'auoüeray que brûlant de signaler mon bras
        Ie me laissay conduire au bruit de ses combats,
        Et qu'au seul nom d'vn Roy iusqu'alors inuincible,
        A de nouueaux Exploits mon coeur deuint sensible.
1055   Tandis que ie croyois par mes combats diuers
        Attacher sur moy seul les yeux de l'Vniuers,
        I'ay veû de ce Guerrier la valeur répanduë
        Tenir la Renommée entre nous suspenduë,   [1030]
        Et voyant de son bras voler par tout l'effroy,
1060   L'Inde sembla m'ouurir vn champ digne de moy.
        Lassé de voir des Roys vaincus sans resistance,
        I'appris auec plaisir le bruit de sa vaillance,
        Vn Ennemy si noble a sçeu m'encourager,
        Ie suis venu chercher la gloire & le danger.
1065   Son courage, Madame, a passé mon attente.
        La Victoire à me suiure autrefois si constante
        M'a presque abandonné pour suiure vos Guerriers.
        Porus m'a disputé iusqu'aux moindres lauriers.   [1040]
        Et j'ose dire encor qu'en perdant la victoire,
1070   Mon Ennemy luy-mesme a veû croistre sa gloire,
        Qu'vne chûte si belle éleue sa Vertu,
        Et qu'il ne voudroit pas n'auoir point combattu.

                        AXIANE.

        Helas! il falloit bien qu'vne si noble enuie
        Luy fist abandonner tout le soin de sa vie,
1075   Puisque de toutes parts trahi, persecuté,
        Contre tant d'Ennemis il s'est précipité.
        Mais vous, s'il estoit vray que son ardeur guerriere
        Eust ouuert à la vostre vne illustre carriere,   [1050]
        Que n'auez-vous, Seigneur, dignement combattu?
1080   Falloit-il par la ruse attaquer sa vertu?
        Et loin de remporter vne gloire parfaite,
        D'vn autre que de vous attendre sa défaite?
        Triomphez. Mais sçachez que Taxile en son coeur
        Vous dispute déja ce beau nom de Vainqueur,
1085   Que le traistre se flatte auec quelque justice
        Que vous n'auez vaincu que par son artifice.
        Et c'est à ma douleur vn spectacle assez doux
        De le voir partager cette gloire auec vous.   [1060]

                        ALEXANDRE.

        En vain vostre douleur s'arme contre ma Gloire.
1090   Iamais on ne m'a veû dérober la Victoire,

Et par ces lasches soins qu'on ne peut m'imputer,
Tromper mes Ennemis au lieu de les domter.
Quoy que par tout ce semble accablé sous le nombre,
Ie n'ay pû me resoudre à me cacher dans l'ombre,
1095   Ils n'ont de leur défaite accusé que mon bras,
Et le iour a par tout esclairé mes combats.
Il est vray que i'ay plaint le sort de vos Prouinces,   [1070]
I'ay voulu préuenir la perte de vos Princes.
Mais s'ils auoient suiuy mes conseils & mes voeux,
1100   Ie les aurois sauuez ou combattus tous deux.
Oüy croyez...

AXIANE.

Ie croy tout. Ie vous crois inuincible.
Mais, Seigneur, suffit-il que tout vous soit possible?
Ne tient-il qu'à jetter tant de Roys dans les fers?
Qu'à faire impunément gêmir tout l'Vniuers?
1105   Et que vous auoient fait tant de Villes captiues,
Tant de Morts dont l'Hydaspe a veû couurir ses riues?
Qu'ay-je fait pour venir accabler en ces lieux
Vn Heros sur qui seul i'ay pû tourner les yeux?   [1080]
A-t'il de vostre Grece inondé les frontieres?
1110   Auons-nous soûleué des Nations entieres,
Et contre vostre Gloire excité leur courroux?
Helas! nous l'admirions sans en estre jaloux.
Contents de nos Estats, & charmez l'vn de l'autre
Nous attendions vn sort plus heureux que le vostre.
1115   Porus bornoit ses voeux à conquerir vn Coeur,
Qui peut-estre aujourd'huy l'eust nommé son Vainqueur.
Ah! n'eussiez-vous versé qu'vn sang si magnanime,
Quand on ne vous pourroit reprocher que ce crime,   [1090]
Ne vous sentez-vous pas, Seigneur, bien malheureux,
1120   D'estre venu si loin rompre de si beaux noeuds?
Non, de quelque douceur que se flatte vostre ame,
Vous n'estes qu'vn Tyran.

ALEXANDRE.

Ie le voy bien, Madame,
Vous voulez que saisi d'vn indigne courroux
En reproches honteux j'éclate contre vous.
1125   Peut-estre esperez-vous, que ma douceur lassée

Var : v. 1097 : Il est vrai que je plains (87, 97)

Donnera quelque atteinte à sa Gloire passée.
Mais quand vostre Vertu ne m'auroit point charmé,
Vous attaquez, Madame, vn Vainqueur desarmé. [1100]
Mon ame malgré vous à vous plaindre engagée
1130 Respecte le malheur où vous estes plongée.
C'est ce trouble fatal qui vous ferme les yeux,
Qui ne regarde en moy qu'vn Tyran odieux.
Sans luy vous auoüeriez que le sang & les larmes
N'ont pas tousiours soüillé la gloire de mes armes,
1135 Vous verriez...

AXIANE.

Ah, Seigneur, puis-je ne les point voir
Ces Vertus dont l'éclat aigrit mon desespoir?
N'ay-je pas veû par tout la Victoire modeste
Perdre auec vous l'orgueil qui la rend si funeste? [1110]
Ne vois-je pas le Scythe & le Perse abbattus
1140 Se plaire sous le joug & vanter vos vertus,
Et disputer enfin par vne aueugle enuie,
A vos propres sujets le soin de vostre vie?
Mais que sert à ce coeur que vous persecutez
De voir par tout ailleurs adorer vos bontez?
1145 Pensez-vous que ma haine en soit moins violente
Pour voir baiser par tout la main qui me tourmente?
Tant de Roys par vos soins vangez ou secourus,
Tant de Peuples contens, me rendent-ils Porus? [1120]
Non, Seigneur, ie vous hais d'autant plus qu'on vous aime,
1150 D'autant plus qu'il me faut vous admirer moy-méme,
Que l'Vniuers entier m'en impose la loy,
Et que personne enfin ne vous hait auec moy.

ALEXANDRE.

I'excuse les transports d'vne amitié si tendre.
Mais, Madame, apres tout ils doiuent me surprendre.
1155 Si la commune voix ne m'a point abusé,
Porus d'aucun regard ne fut fauorisé.
Entre Taxile & luy vostre Coeur en balance,
Tant qu'ont duré ses iours a gardé le silence. [1130]
Et lors qu'il ne peut plus vous entendre auiourd'huy,
1160 Vous commencez, Madame, à prononcer pour luy?
Pensez-vous que sensible à cette ardeur nouuelle,
Sa Cendre exige encor que vous brûliez pour elle?
Ne vous accablez point d'inutiles douleurs.
Des soins plus importans vous appellent ailleurs.

1165   Vos larmes ont assez honoré sa Memoire.
Regnez. Et de ce rang soûtenez mieux la gloire,
Et redonnant le calme à vos sens desolez,
Rassurez vos Estats par sa chûte ébranlez.   [1140]
Parmy tant de grands Roys choisissez-leur vn Maistre.
1170   Plus ardent que iamais Taxile...

AXIANE.

Quoy le Traistre?

ALEXANDRE.

Hé! de grace, prenez des sentimens plus doux.
Aucune trahison ne le soüille enuers vous.
Maistre de ses Estats il a pû se resoudre
A se mettre auec eux à couuert de la foudre.
1175   Ny serment, ny deuoir ne l'auoient engagé
A courir dans l'abysme ou Porus s'est plongé.
Enfin souuenez-vous, qu'Alexandre luy mesme
S'interesse au bon-heur d'vn Prince qui vous aime.   [1150]
Songez que reünis par vn si juste choix
1180   L'Inde & l'Hydaspe entiers couleront sous vos loix,
Que pour vos interests tout me sera facile
Quand ie les verray joints auec ceux de Taxile.
Il vient. Ie ne veux point contraindre ses soûpirs.
Ie le laisse luy-mesme expliquer ses desirs.
1185   Ma presence à vos yeux n'est déja que trop rude.
L'entretien des Amans cherche la solitude.
Ie ne vous trouble point.

SCENE III.

AXIANE, TAXILE.

AXIANE.

APproche, puissant Roy,
Grand Monarque de l'Inde, on parle icy de toy.   [1160]
On veut en ta faveur combattre ma colere.
1190   On dit que tes desirs n'aspirent qu'à me plaire,
Que mes rigueurs ne font qu'affermir ton amour.

On fait plus, & l'on veut que je t'aime à mon tour.
Mais sçais-tu l'entreprise où s'engage ta flâme?
Sçais-tu par quels secrets on peut toucher mon ame?
1195 Es-tu prest...

TAXILE.

Ah Madame, éprouuez seulement
Ce que peut sur mon coeur vn espoir si charmant.
Que faut-il faire?

AXIANE.

Il faut, s'il est vray que l'on m'aime,
Aimer la Gloire, autant que je l'aime moy-mesme, [1170]
Ne m'expliquer ses voeux que par mille beaux faits,
1200 Et haïr Alexandre autant que je le hais.
Il faut marcher sans crainte au milieu des allarmes,
Il faut combattre, vaincre, ou perir sous les armes.
Iette, jette les yeux sur Porus & sur toy,
Et juge qui des deux estoit digne de moy.
1205 Ouy, Taxile, mon Coeur douteux en apparence
D'vn lasche, & d'vn Heros faisoit la difference.
Ie l'aimay, je l'adore. Et puis qu'vn sort jaloux
Luy défend de joüir d'vn spectacle si doux, [1180]
C'est toy que je choisis pour témoin de sa Gloire,
1210 Mes pleurs feront tousiours reuiure sa Memoire,
Tousiours tu me verras au fort de mon ennuy,
Mettre tout mon plaisir à te parler de luy.

TAXILE.

Ainsi je brûle en vain pour vne ame glacée?
L'image de Porus n'en peut estre effacée?
1215 Quand j'irois pour vous plaire affronter le trépas,
Ie me perdrois, Madame, & ne vous plairois pas?
Ie ne puis donc...

AXIANE.

Tu peux recouurer mon estime.
Dans le sang ennemy tu peux lauer ton crime. [1190]

Var : v. 1206 : D'vn Eslaue, & d'vn Roy (72, 76, 87, 97)
Var : v. 1207 : Ie l'ayme, (72)

L'occasion te rit, Porus dans le tombeau
1220   Rassemble ses soldats autour de son drapeau.
        Son Ombre seule encor semble arrester leur fuite.
        Les tiens mesme, les tiens honteux de ta conduite,
        Font lire sur leurs fronts justement courroucez
        Le repentir du crime ou tu les as forcez.
1225   Va seconder l'ardeur du feu qui les deuore.
        Vange nos libertez qui respirent encore.
        De mon trône & du tien deuiens le Défenseur.
        Cours, & donne à Porus vn digne successeur.   [1200]
        Tu ne me répons rien. Ie voy sur ton visage,
1230   Qu'vn si noble dessein estonne ton courage.
        Ie te propose en vain l'exemple d'vn Heros,
        Tu veux seruir? Va, sers, & me laisse en repos.   [1204]

                              TAXILE.

        Hé bien, n'en parlons plus. Les soûpirs, & les larmes
        Contre tant de mépris sont d'impuissantes armes.
1235   Mais c'est vser, Madame, auec trop de rigueur
        Du pouuoir que vos yeux vous donnent sur mon Coeur.
        Tout Amant que je suis, vous oubliez peut-estre   [1205]
        Que si vous m'y forcez, je puis parler en Maistre,
        Que je puis me lasser de souffrir vos dédains,
1240   Que vous & vos Estats tout est entre mes mains,
        Qu'aprés tant de respects qui vous rendent plus fiere,
        Ie pourray...

                              AXIANE.

                  Ie t'entens. Ie suis ta Prisonniere,   [1210]
        Tu veux peut-estre encor captiuer mes desirs,
        Que mon Coeur en tremblant réponde à tes soûpirs.
1245   Hé bien, dépoüille enfin cette douceur contrainte.
        Appelle à ton secours la terreur, & la crainte,
        Parle en Tyran tout prest à me persecuter.
        Ma haine ne peut croistre, & tu peux tout tenter.
        Sur tout ne me fais point d'inutiles menasses.
1250   Ta Soeur vient t'inspirer ce qu'il faut que tu fasses.
        Adieu. Si ses conseils & mes voeux en sont crus,
        Tu m'aideras bien-tost à rejoindre Porus.   [1220]

────────────

Var : v. 1233-36 : vers supprimés (76, 87, 97)
Var : v. 1237 : Madame c'en est trop. Vous oubliez peut-estre (76, 87, 97)

TAXILE.

Ah! plûtost...

SCENE IV.

TAXILE, CLEOPHILE.

CLEOPHILE.

AH! quittez cette ingrate Princesse,
Dont la haine a iuré de nous troubler sans cesse,
1255   Qui met tout son plaisir à vous desesperer.
Oubliez...

TAXILE.

Non, ma soeur, ie la veux adorer.
Ie l'aime. Et quand les voeux que ie pousse pour elle,
N'en obtiendroient iamais qu'vne haine immortelle,
Malgré tous ses mépris, malgré tous vos discours,
1260   Malgré moy-mesme, il faut que ie l'aime toûjours.
Sa colere apres tout n'a rien qui me surprenne.
C'est à vous, c'est à moy qu'il faut que ie m'en prenne.   [1230]
Sans vous, sans vos conseils, ma soeur, qui m'ont trahy,
Si ie n'estois aimé, ie serois moins hay.
1265   Ie la verrois sans vous par mes soins défenduë,
Entre Porus & moy demeurer suspenduë.
Et ne seroit-ce pas vn bon-heur trop charmant
Que de l'auoir reduite à douter vn moment?
Non, ie ne puis plus viure accablé de sa haine,
1270   Il faut que ie me jette aux pieds de l'Inhumaine.
I'y cours. Ie vais m'offrir à seruir son courroux
Mesme contre Alexandre, & mesme contre vous.   [1240]
Ie sçay de quelle ardeur vous brûlez l'vn pour l'autre.
Mais c'est trop oublier mon repos pour le vostre,
1275   Et sans m'inquieter du succez de vos feux,
Il faut que tout perisse, ou que je sois heureux.

CLEOPHILE.

Allez donc, retournez sur le Champ de bataille,
Ne laissez point languir l'ardeur qui vous trauaille.

1280

A quoy s'arreste icy ce courage inconstant?
Courez. On est aux mains. Et Porus vous attend.

TAXILE.

Quoy, ma Soeur, on se bat? Porus vient de paroistre?

CLEOPHILE.

C'est luy. De si grands coups le font trop reconnoistre.   [1250]
Il l'auoit bien préueu. Le bruit de son trépas
D'vn Vainqueur trop credule a retenu le bras.
1285   Il vient surprendre icy leur valeur endormie,
Troubler vne Victoire encor mal affermie.
Il vient, n'en doutez point, en Amant furieux
Enleuer sa Maistresse ou perir à ses yeux.
Que dis-je? Vostre Camp seduit par cette Ingrate,
1290   Prest à suiure Porus en murmures éclate.
Allez vous-mesme, allez en genereux Amant
Au secours d'vn Riual aimé si tendrement.   [1260]
Adieu.

SCENE V.

TAXILE *seul.*

QVoy? la Fortune obstinée à me nuire
Ressuscite vn Riual armé pour me détruire?
1295   Cét Amant reuerra les yeux qui l'ont pleuré,
Qui tout mort qu'il estoit me l'auoient préferé?
Ah! ç'en est trop. Voyons ce que le sort m'apreste,
A qui doit demeurer cette noble Conqueste.
Allons. N'attendons pas dans vn lasche courroux
1300   Qu'vn si grand different se termine sans nous.

Fin du quatriéme Acte.

ACTE V.

SCENE PREMIERE.

ALEXANDRE, CLEOPHILE.

ALEXANDRE.

QVOY? vous craignez Porus mesme aprés sa défaite!
Ma Victoire à vos yeux semble-t-elle imparfaite?   [1270]
Non, non, c'est vn Captif qui n'a pû m'éuiter,
Luy-mesme à son Vainqueur il se vient présenter.
1305   Loin de le craindre encor ne songez qu'à le plaindre.

CLEOPHILE.

Et c'est en cét estat que Porus est à craindre.
Quelque braue qu'il fust, le bruit de sa valeur
M'inquietoit bien moins que ne fait son malheur.
Tant qu'on l'a veû suiuy d'vne puissante Armée,
1310   Ses forces, ses exploits ne m'ont point allarmée.
Mais, Seigneur, c'est vn Roy malheureux & soûmis,
Et dés lors je le conte au rang de vos Amis.   [1280]

ALEXANDRE.

C'est vn rang ou Porus n'a plus droit de prétendre.
Il a trop recherché la haine d'Alexandre.
1315   Il sçait bien qu'à regret je m'y suis résolu,
Mais enfin je le hais autant qu'il l'a voulu.
Ie dois mesme vn exemple au reste de la Terre.
Ie dois vanger sur luy tous les maux de la Guerre,
Le punir des malheurs qu'il a pû préuenir,
1320   Et de m'auoir forcé moy-mesme à le punir.
Vaincu deux fois, hay de ma belle Princesse...

Var : v. 1301 : vous craigniez (76, 87, 97)
Var : v. 1302 : sembloit-elle (76, 87, 97)
Var : v. 1303 : échaper, (76, 87, 97)
Var : v. 1304 : Que mes ordres partout ont fait enveloper. (76, 87, 97)

CLEOPHILE.

Ie ne hay point Porus, Seigneur, je le confesse.   [1290]
Et s'il m'estoit permis d'écouter aujourd'huy
La voix de ses malheurs qui me parle pour luy,
1325   Ie vous dirois, qu'il fut le plus grand de nos Princes,
Que son bras fut long-temps l'appuy de nos Prouinces,
Qu'il a voulu peut-estre en marchant contre vous
Qu'on le crût digne au moins de tomber sous vos coups,
Et qu'vn mesme combat signalant l'vn & l'autre,
1330   Son nom volast par tout à la suite du vostre.
Mais si je le défens, des soins si genereux
Retombent sur mon Frere & détruisent ses voeux.   [1300]
Tant que Porus viura, que faut-il qu'il deuienne?
Sa perte est infaillible, & peut-estre la mienne.
1335   Ouy, ouy, si son amour ne peut rien obtenir,
Il m'en rendra coupable, & m'en voudra punir.
Et maintenant encor, que vostre coeur s'apreste
A voler de nouueau de conqueste en conqueste,
Quand je verray le Gange entre mon Frere & vous,
1340   Qui retiendra, Seigneur, son injuste courroux?
Mon ame loin de vous languira solitaire.
Helas! s'il condamnoit mes soûpirs à se taire,   [1310]
Que deuiendroit alors ce Coeur infortuné?
Ou sera le Vainqueur à qui je l'ay donné?

ALEXANDRE.

1345   Ah ç'en est trop, Madame, & si ce Coeur se donne,
Ie sçauray le garder, quoy que Taxile ordonne,
Bien mieux que tant d'Estats, qu'on m'a vû conquerir,
Et que je n'ay gardez que pour vous les offrir.
Encore vne victoire, & je reuiens, Madame,
1350   Borner toute ma gloire à regner sur vostre ame,
Vous obeïr moy-mesme, & mettre entre vos mains
Le destin d'Alexandre & celuy des humains.   [1320]
Le Mallien m'attend prest à me rendre hommage.
Si prés de l'Ocean que faut-il dauantage
1355   Que d'aller me montrer à ce fier Element,
Comme Vainqueur du monde & comme vostre Amant?
Alors...

CLEOPHILE.

Mais quoy, Seigneur? toûjours guerre sur guerre?
Cherchez-vous des sujets au delà de la Terre?

Voulez-vous pour témoins de vos faits éclatans
1360 Des Pays inconnus mesme à leurs Habitans?
Qu'esperez-vous combattre en des climats si rudes?
Ils vous opposeront de vastes solitudes, [1330]
Des deserts que le Ciel refuse d'éclairer,
Où la Nature semble elle-mesme expirer.
1365 Et peut-estre le sort, dont la secrette enuie
N'a pû cacher le cours d'vne si belle vie,
Vous attend en ces lieux, & veut que dans l'oubly
Vostre Tombeau du moins demeure enseuely.
Pensez-vous y traisner les restes d'vne Armée,
1370 Vingt fois renouuellée, & vingt fois consumée?
Vos soldats dont la veuë excite la pitié,
Qui d'eux-mesme en cent lieux ont laissé la moitié, [1340]
Par leurs gemissemens vous font assez connoistre...

ALEXANDRE.

Ils marcheront, Madame, & je n'ay qu'à paroistre.
1375 Ces Coeurs qui dans vn Camp d'vn vain loisir déceus
Content en murmurant les coups qu'ils ont receus,
Reuiuront pour me suiure, & blasmant leurs murmures
Brigueront à mes yeux de nouuelles blessures.
Cependant de Taxile appuyons les soûpirs.
1380 Son Riual ne peut plus trauerser ses desirs.
Ie vous l'ay dit, Madame, & j'ose encor vous dire...

CLEOPHILE.

Seigneur, voicy la Reine.

Var : v. 1367 : dans ces lieux, (76, 87, 97)
Var : v. 1371 : Vos soldats qui tout blancs, excitant la pitié, (72)
Var : v. 1372 : D'eux-mesmes en cent lieux (72, 76, 87, 97)
Var : v. 1373 : Et leurs gemissemens (76, 87, 97)

SCENE II.

ALEXANDRE, AXIANE, CLEOPHILE.

ALEXANDRE.

HE bien! Porus respire.   [1350]
Le Ciel semble, Madame, écouter vos souhaits,
Il vous le rend...

AXIANE.

Helas! il me l'oste à jamais.
1385   Aucun reste d'espoir ne peut flatter ma peine,
       Sa mort estoit douteuse, elle deuient certaine,
       Il y court. Et peut-estre il ne s'y vient offrir
       Que pour me voir encore, & pour me secourir.
       Mais que feroit-il seul contre toute vne armée?
1390   En vain ses grands efforts l'ont d'abord allarmée.
       En vain quelques Guerriers qu'anime son grand Coeur
       Ont ramené l'effroy dans le Camp du Vainqueur,   [1360]
       Il faut bien qu'il succombe, & qu'enfin son courage
       Tombe sur tant de morts qui ferment son passage.
1395   Encor si je pouuois en sortant de ces lieux
       Luy montrer Axiane, & mourir à ses yeux.
       Mais Taxile m'enferme, & cependant le traistre
       Du sang de ce Heros est allé se repaistre,
       Dans les bras de la mort il le va regarder,
1400   Si toutefois encore il ose l'aborder.

ALEXANDRE.

Non, Madame, mes soins ont asseuré sa vie.
Son retour va bien-tost contenter vostre enuie.   [1370]
Vous le verrez.

AXIANE.

Vos soins s'estendroient jusqu'à luy!
Le bras qui l'accabloit deuiendroit son appuy?

1405	I'attendrois son salut de la main d'Alexandre?
	Mais quel miracle enfin n'en dois-je point attendre?
	Ie m'en souuiens, Seigneur, vous me l'auez promis
	Qu'Alexandre Vainqueur n'auoit plus d'Ennemis.
	Ou plûtost ce Guerrier ne fut jamais le vostre.
1410	La Gloire également vous arma l'vn & l'autre,
	Contre vn si grand courage il voulut s'éprouuer,
	Et vous ne l'attaquiez qu'afin de le sauuer.

[1380]

ALEXANDRE.

	Ses mépris redoublez qui brauent ma colere,
	Meriteroient sans doute vn Vainqueur plus seuere.
1415	Son orgueil en tombant semble s'estre affermy.
	Mais je veux bien cesser d'estre son Ennemy.
	I'en dépoüille, Madame, & la haine & le titre,
	De mes ressentimens je fais Taxile arbitre,
	Seul il peut à son choix le perdre ou l'épargner,
1420	Et c'est luy seul enfin que vous deuez gagner.

AXIANE.

	Moy, j'irois à ses pieds mandier vn azile?
	Et vous me renuoyez aux bontez de Taxile?
	Vous voulez que Porus cherche vn appuy si bas?
	Ah, Seigneur, vostre haine a juré son trépas.
1425	Non, vous ne le cherchiez qu'afin de le détruire.
	Qu'vne ame genereuse est facile à seduire!
	Déja mon coeur credule oubliant son courroux
	Admiroit des vertus qui ne sont point en vous.
	Ie croyois que touché de mes justes allarmes
1430	Vous sauueriez Porus...

[1390]

[1396]

ALEXANDRE.

Que j'écoute vos larmes,
Tandis que vostre Coeur au lieu de s'émouuoir
Desespere Taxile & braue mon pouuoir?
Pensez-vous aprés tout que j'ignore son crime?

Var : v. 1405 : I'attendois (72)
Var : v. 1424 : Vostre haine sans doute a juré son trépas. (72)
Var : v. 1425-28 : vers supprimés (72)
Var : v. 1429-60 : vers supprimés (72, 76, 87, 97)

C'est moy dont la faueur le noircit & l'opprime,
1435   Vous le verriez sans moy d'vn oeil moins irrité.
Mais on n'en croira pas vostre injuste fierté.
Porus est son Captif. Auant qu'on le ramene
Consultez vostre amour, consultez vostre haine.
Vous le pouuez d'vn mot ou sauuer ou punir,
1440   Madame, prononcez ce qu'il doit deuenir.

AXIANE.

Helas! que voulez-vous que ma douleur prononce?
Pour sauuer mon Amant faut-il que j'y renonce?
Faut-il pour obeïr aux ordres du Vainqueur
Que je liure à Taxile ou Porus, ou mon Coeur?
1445   Pourquoy m'ordonnez-vous vn choix si difficile?
Abandonnez mes jours au pouuoir de Taxile.
I'y consens. Ne peut-il se vanger à son tour?
Qu'il contente sa haine, & non pas son amour.
Punissez les mépris d'vne fiere Princesse
1450   Qui d'vn coeur endurcy la haïra sans cesse.

CLEOPHILE.

Et pourquoy ces mépris qu'il n'a pas meritez,
Luy qui semble adorer jusqu'à vos cruautez?
Pourquoy garder tousiours cette haine enflammée?

AXIANE.

C'est pour vous auoir cruë, & pour m'auoir aimée.
1455   Ie connoy vos desseins. Vostre esprit allarmé
Veut esteindre vn courroux par vous-mesme allumé.
Vous me craignez enfin. Mais qu'il vienne ce Frere,
Il sçaura quelle main l'expose à ma colere.
Heureuse si je puis luy donner aujourd'huy
1460   Plus de haine pour vous que je n'en ay pour luy.
Armez vous donc, Seigneur, d'vne valeur cruelle.   [1397]
Ensanglantez la fin d'vne course si belle.
Apres tant d'Ennemis qu'on vous vit releuer,
Perdez le seul enfin que vous deuiez sauuer.   [1400]

ALEXANDRE.

1465   Hé bien aimez Porus sans détourner sa perte.

Refusez la faueur qui vous estoit offerte.
Soupçonnez ma pitié d'vn sentiment jaloux,
Mais enfin s'il périt n'en accusez que vous.
Le voicy. Consultons-le en ce peril extréme,
1470   Ie veux à son secours n'appeller que luy-mesme.

SCENE III.

ALEXANDRE, PORVS, AXIANE,
CLEOPHILE, EPHESTION,
Gardes d'Alexandre.

ALEXANDRE.

HE bien! de vostre orgueil, Porus, voila le fruit.
Où sont ces beaux succez qui vous auoient seduit?
Cette fierté si haute est enfin abaissée.
Ie dois vne Victime à ma Gloire offensée.   [1410]
1475   Rien ne vous peut sauuer. Ie veux bien toutefois
Vous offrir vn pardon refusé tant de fois.
Axiane elle seule à mes bontez rebelle
Aux despens de vos iours veut vous estre fidelle,
Et que sans balancer vous mouriez, seulement
1480   Pour porter au tombeau le nom de son Amant.
N'achetez point si cher vne gloire inutile.
Viuez. Mais consentez au bon-heur de Taxile.

PORVS.

Taxile?

ALEXANDRE.

Oüy.

Var : v. 1469 : Il vient. Il faut l'entendre en ce peril extréme, (72)
Var : v. 1469 : Le voicy. Je veux bien le consulter luy mesme. (76, 87, 97)
Var : v. 1470 : Que Porus de son sort soit l'Arbitre supréme. (76, 87, 97)
Var : v. 1477 : Cette Reine elle seule (87, 97)

PORVS.

Tu fais bien. Et j'approuue tes soins.
Ce qu'il a fait pour toy ne merite pas moins.   [1420]
1485   C'est luy qui m'a des mains arraché la Victoire.
Il t'a donné sa Soeur. Il t'a vendu sa Gloire.
Il t'a liuré Porus. Que feras-tu iamais
Qui te puisse acquitter d'vn seul de ses bien-faits?
Mais i'ay sçeu préuenir le soin qui te trauaille.
1490   Va le voir expirer sur le champ de bataille.

ALEXANDRE.

Quoy Taxile...

CLEOPHILE.

Qu'entens-je?

EPHESTION.

Oüy, Seigneur, il est mort,
Il s'est liuré luy-mesme aux rigueurs de son sort.
Porus estoit vaincu. Mais au lieu de se rendre
Il sembloit attaquer & non pas se défendre.   [1430]
1495   Ses soldats à ses pieds estendus & mourans
Le mettoient à l'abry de leurs corps expirans.
Là, comme dans vn Fort, son audace enfermée
Se soûtenoit encor contre toute vne Armée,
Et d'vn bras qui portoit la terreur & la mort
1500   Aux plus hardis Guerriers en défendoit l'abord.
Ie l'espargnois tousiours. Sa vigueur affoiblie
Bien-tost en mon pouuoir auroit laissé sa vie,
Quand sur ce champ fatal Taxile descendu,
"Arrestez, c'est à moy que ce Captif est dû,   [1440]
1505   C'en est fait, a-t'il dit, & ta perte est certaine,
Porus, il faut perir ou me ceder la Reine."
Porus à cette voix r'animant son courroux,
. A releué ce bras lassé de tant de coups.
Et cherchant son Riual d'vn oeil fier & tranquile,
1510   "N'entens-je pas, dit-il, l'infidelle Taxile
Ce Traistre à sa Patrie, à sa Maistresse, à moy?
Vien lasche, poursuit-il, Axiane est à toy,
Ie veux bien te ceder cette illustre conqueste,
Mais il faut que ton bras l'emporte auec ma teste.   [1450]

1515   Approche." A ce discours ces Riuaux irritez
          L'vn sur l'autre à la fois se sont précipitez.
          Nous nous sommes en foule opposez à leur rage.
          Mais Porus parmy nous court & s'ouure vn passage,
          Ioint Taxile, le frappe, & luy perçant le coeur
1520   Content de sa victoire, il se rend au Vainqueur.

CLEOPHILE.

          Seigneur, c'est donc à moy de répandre des larmes.
          C'est sur moy qu'est tombé tout le faix de vos armes.
          Mon Frere a vainement recherché vostre appuy,
          Et vostre Gloire, helas, n'est funeste qu'à luy.   [1460]
1525   Que luy sert au tombeau l'amitié d'Alexandre?
          Sans le vanger, Seigneur, l'y verrez-vous descendre?
          Souffrirez-vous qu'apres l'auoir percé de coups,
          On en triomphe aux yeux de sa soeur & de vous?

AXIANE.

          Oüy, Seigneur, écoutez les pleurs de Cleophile.
1530   Ie la plains. Elle a droit de regretter Taxile,
          Tous ses efforts en vain l'ont voulu conseruer,
          Elle en a fait vn lasche, & ne l'a pû sauuer.
          Ce n'est point que Porus ait attaqué son Frere.
          Il s'est offert luy-mesme à sa juste colere.   [1470]
1535   Au milieu du Combat que venoit il chercher?
          Au courroux du Vainqueur venoit-il l'arracher?
          Il venoit accabler, dans son malheur extréme,
          Vn Roy que respectoit la Victoire elle-mesme.
          Mais pourquoy vous oster vn prétexte si beau?
1540   Que voulez-vous de plus? Taxile est au tombeau.
          Immolez-luy, Seigneur, cette grande Victime.
          Vengez-vous. Mais songez que i'ay part à son crime.
          Oüy, oüy, Porus, mon coeur n'aime point à demy,
          Alexandre le sçait, Taxile en a gemy.   [1480]
1545   Vous seul vous l'ignorez. Mais ma joye est extréme,
          De pouuoir en mourant vous le dire à vous-mesme.   [1482]

PORVS.

          Ah! Madame, sur moy laissez tomber leurs coups.
          Ne troublez point vn sort que vous rendez si doux.

Var : v. 1545 : Vous seul vous l'ignorez. (72)
Var : v. 1547-50 : vers supprimés (87, 97)

Vous m'allez regretter. Quelle plus grande gloire
1550   Pouuoit à mes soûpirs accorder la Victoire?
Alexandre, il est temps que tu sois satisfait.   [1483]
Tout vaincu que j'estois tu vois ce que i'ay fait.
Crains Porus. Crains encor cette main desarmée,
Qui vange sa défaite au milieu d'vne Armée.
1555   Mon nom peut soûleuer de nouueaux Ennemis,
Et réueiller cent Rois dans leurs fers endormis.
Estouffe dans mon sang ces semences de Guerre,
Va vaincre en seureté le reste de la Terre.   [1490]
Aussi bien n'attens pas qu'vn Coeur comme le mien
1560   Reconnoisse vn Vainqueur, & te demande rien.
Parle, & sans esperer que ie blesse ma gloire,
Voyons comme tu sçais vser de la Victoire.

ALEXANDRE.

Vostre fierté, Porus, ne se peut abbaisser.
Iusqu'au dernier soûpir vous m'osez menacer.
1565   En effet ma Victoire en doit estre allarmée.
Vostre nom peut encor plus que toute vne Armée.
Ie m'en dois garentir. Parlez donc. Dites-moy,
Comment pretendez-vous que ie vous traitte?

PORVS.

En Roy.   [1500]

ALEXANDRE.

Hé bien, c'est donc en Roy qu'il faut que ie vous traitte.
1570   Ie ne laisseray point ma Victoire imparfaite.
Vous l'auez souhaité, vous ne vous plaindrez pas.
Regnez tousiours, Porus, ie vous rends vos Estats.
Auec mon amitié receuez Axiane.
A des liens si doux tous deux ie vous condamne.
1575   Viuez, Regnez tous deux, & seuls de tant de Roys
Iusques aux bords du Gange allez donner vos loix.
Ce traittement, Madame, a droit de vous surprendre. *à Cleophile.*
Mais enfin, c'est ainsi que se vange Alexandre.   [1510]
Ie vous aime, & mon coeur touché de vos soûpirs
1580   Voudroit par mille morts vanger vos déplaisirs.
Mais vous mesme pourriez prendre pour vne offense

La mort d'vn Ennemy qui n'est plus en défense.
Il en triompheroit, & brauant ma rigueur
Porus dans le tombeau descendroit en Vainqueur.
1585 Souffrez que iusqu'au bout acheuant ma carriere
l'apporte à vos beaux yeux ma Vertu toute entiere.
Laissez regner Porus couronné par mes mains.
Et commandez vous-mesme au reste des humains.   [1520]
Prenez les sentimens que ce rang vous inspire.
1590 Faites dans sa naissance admirer vostre Empire,
Et regardant l'éclat qui se répand sur vous,
De la soeur de Taxile oubliez le courroux.

AXIANE.

Oüy, Madame, regnez, & souffrez que moy-même
l'admire le grand Coeur d'vn Heros qui vous aime.
1595 Aimez, & possedez l'auantage charmant
De voir toute la terre adorer vostre Amant.

PORVS.

Seigneur, iusqu'à ce iour, l'Vniuers en allarmes
Me forçoit d'admirer le bon-heur de vos Armes.   [1530]
Mais rien ne me forçoit en ce commun effroy,
1600 De reconnoistre en vous plus de vertus qu'en moy.
Ie me rends. Ie vous cede vne pleine Victoire.
Vos vertus, ie l'auoüë, égalent vostre gloire,
Allez, Seigneur, rangez l'Vniuers sous vos loix,
Il me verra moy-mesme appuyer vos Exploits.
1605 Ie vous suis, & ie croy deuoir tout entreprendre
Pour luy donner vn Maistre aussi grand qu'Alexandre.

CLEOPHILE.

Seigneur, que vous peut dire vn coeur triste, abbattu?
Ie ne murmure point contre vostre Vertu.   [1540]
Vous rendez à Porus la vie & la couronne,
1610 Ie veux croire qu'ainsi vostre Gloire l'ordonne,
Mais ne me pressez point. En l'estat où ie suis
Ie ne puis que me taire & pleurer mes ennuis.

ALEXANDRE.

Oüy, Madame, pleurons vn Amy si fidele.
Faisons en soûpirant éclater nostre zele,

1615   Et qu'vn Tombeau superbe instruise l'auenir,
        Et de vostre douleur & de mon souuenir.

                              FIN.

APPENDICE

SECONDE PREFACE

Cette préface paraît pour la première fois dans l'édition de 1676, et ensuite dans les éditions de 1687 et de 1697.

Il n'y a guere de Tragedie, où l'Histoire soit plus fidellement suivie que dans celle-cy. Le sujet en est tiré de plusieurs Auteurs, mais sur tout du huitiéme Livre de Quinte-Curse. C'est-là qu'on peut voir tout ce qu'Alexandre fit lors qu'il entra dans les Indes, les ambassades qu'il envoya aux Rois de ce Pays-là, les differentes
5   receptions qu'ils firent à ses Envoyez, l'alliance que Taxile fit avec luy, la fierté avec laquelle Porus refusa les conditions qu'on luy presentoit, l'inimitié qui estoit entre Porus et Taxile, & enfin la Victoire qu'Alexandre remporta sur Porus, la réponse genereuse que ce brave Indien fit au Vainqueur qui luy demandoit comment il vouloit qu'on le traittast, & la generosité avec laquelle Alexandre luy
10   rendit tous ses Estats, & y en ajoûta beaucoup d'autres.

    Cette action d'Alexandre a passé pour une des plus belles que ce Prince ait faites en sa vie; Et le danger que Porus luy fit courir dans la bataille, luy parut le plus grand où il se fust jamais trouvé. Il le confessa luy-mesme, en disant qu'il avoit trouvé enfin un peril digne de son courage. Et ce fut en cette mesme occasion
15   qu'il s'écria, "O Atheniens, combien de travaux j'endure pour me fair loüer de vous!" J'ay tasché de representer en Porus un Ennemy digne d'Alexandre. Et je puis dire que son caractere a plû extrémement sur nostre theatre; jusques-là, que des Personnes m'ont reproché que je faisois ce Prince plus grand qu'Alexandre. Mais ces personnes ne considerent pas que dans la bataille et dans la victoire
20   Alexandre est en effet plus grand que Porus, qu'il n'y a pas un vers dans la Tragedie qui ne soit à la loüange d'Alexandre, que les invectives mesme de Porus & d'Axiane sont autant d'Eloges de la valeur de ce Conquerant. Porus a peut-estre quelque chose qui interesse davantage, parce qu'il est dans le mal-heur. Car, comme dit Seneque, "Nous sommes de telle nature, qu'il n'y a rien au monde qui
25   se fasse tant admirer qu'un homme qui sçait estre malheureux avec courage". *Ita affecti sumus, ut nihil æquè magnam apud nos admirationem occupet quàm homo fortiter miser.*

    Les amours d'Alexandre & de Cleofile ne sont pas de mon invention. Justin en parle aussi bien que Quinte-Curse. Ces deux Historiens rapportent qu'une Reine
30   dans les Indes nommée Cleofile, se rendit à ce Prince avec la Ville où il la tenoit assiegée, & qu'il la rétablit dans son Royaume en consideration de sa beauté. Elle en eut un Fils, & elle l'appella Alexandre. Voicy les paroles de Justin, *Regna Cleofidis Reginæ petit, Quæ cùm se dedisset ei, Regnum ab Alexandro recepit,*

Var : l. 7 : entre Porus et Taxile, la mort de Taxile que Porus tua de sa main dans le combat, et enfin (75 VERSAILLES)
Var : l. 10 : & en ajoûta (87, 97)
Var : l. 20 : Alexandre se monstre plus grand (75 VERSAILLES)
Var : l. 30 : nommée Cleofide ou Cleofile (75 VERSAILLES)
Var : l. 33 : *Cleofilis* (87)

illécebris consecuta quod virtute non potuerat, Filiumque ab eo genitum
35   *Alexandrum nominavit, qui postea Regnum Indorum potitus est.*

Var : l. 35 : *potitus est.* Il paroist par la suite de ce passage que les Indiens regardoient cette Cleofile
comme les Romains depuis regarderent Cleopatre. Aussi y a-t'il quelque conformité entre les
avantures de ces deux Reines, et Cleofile en usa envers Alexandre à peu près comme Cleopatre en a
usé depuis envers Cesar. L'une eut un Fils qu'elle appelloit Alexandre, et l'autre eut un Fils qu'elle
appelloit Cesarion. On pouvoit ajoûter cette ressemblance au Parallele que l'on a fait de ces deux
Conquerans, d'autant plus qu'ils se ressemblent beaucoup dans la maniere dont ils ont esté
amoureux. Cette passion ne les a jamais tourmentez plus que de raison. Et quand Cleofile auroit esté
Soeur de Taxile comme elle l'est dans ma Tragedie, je suis persuadé que l'amour qu'Alexandre avoit
pout elle ne l'auroit pas empesché de rétablir Porus en présence de cette Princesse. (75
VERSAILLES)

NOTES

Pour les sources historiques nous nous bornons normalement à indiquer les liens avec le récit de Quinte-Curce, sauf dans le cas où il est évident que Racine lui préfère une autre source.
Nous signalons toutes les critiques que d'Olivet fait à l'égard d'*Alexandre* dans ses *Remarques de Grammaire sur Racine*, Paris, chez Gandouin, 1738; <D'Ol.>
Pour les commentaires de Louis Racine, nous reproduisons:
(1) toutes les remarques de son *Examen d'Alexandre* qui se rapportent à un vers ou à une scène précis: <L.R. *Ex.*>
(2) toutes ses remarques intitulées *Notes sur la langue*, sauf celles qui ne font que répéter les critiques de l'Abbé d'Olivet: <L.R. *Notes*>
(3) toutes ses *Remarques* sur *Alexandre*, soit dans leur intégrité, soit en abrégé: <L.R. *Rem.*>
Nous renvoyons le lecteur aux *Oeuvres de Louis Racine*, Paris, 1808, tome V.

FRONTISPICE

La gravure de Chauveau où Porus, blessé, paraît devant Alexandre (V.3), accompagnait le texte d'*Alexandre* pour la première fois dans l'édition des *Oeuvres* de 1675-6. Notre reproduction de la gravure est tirée de l'exemplaire des *Oeuvres* de 1687, conservé à la Bibliothèque de la Taylor Institution, Oxford.

AU ROI

l. 1   la première: *La Thébaïde* (1664).

l. 5   Pour les critiques suscitées par les premières représentations d'*Alexandre*, voir l'Introduction p. vi-ix.

l. 10   1er livre des *Macchabées* I.3 (voir le vers 948 d'*Alexandre*).

l. 26   Voir la discussion chez Quinte-Curce 10.5.26-36.

l. 34   Louis XIV avait déjà assisté à la prise de plusieurs villes lorsque Turenne combattait Condé et l'Espagne (1654-58).

l. 35   Louis XIV devait attendre le début de la Guerre de Dévolution (1667).

l. 38   Alexandre remarqua qu'Achille avait le bonheur d'un grand héraut qui célébrait ses hauts faits après sa mort: voir Plutarque 15.8.

PREFACE

C'est la première préface que Racine ait écrite, la première édition de *La Thébaïde* paraissant sans préface.

l. 2   Pour l'importance de Quinte-Curce comme source, voir l'Introduction p. x-xiv.

l. 5   Pour les premières représentations d'*Alexandre*, voir l'Introduction p. vi-ix.

l. 6   Racine pense sans doute au roi lui-même, mais peut-être aussi à Condé.

l. 12   Nous ne connaissons la plupart des critiques d'*Alexandre* que par l'intermédiaire de cette réponse de Racine. Voir R. Picard, *La Carrière de Jean Racine*, pp. 113-18, et notre article 'The Shape of Things to Come'.

l. 23   Pour les 'pré-variantes' d'*Alexandre*, voir l'Introduction p. xxxix-xl.

l. 24   Saint-Evremond dit: 'il en a fait un Prince si mediocre, que cent autres le pourroient emporter sur luy comme Porus.' (*Dissertation*, p. 86)

l. 36   v. 1572.

l. 37   III.6.

ll. 39-40 Nous n'avons pu relever une telle remarque dans aucune source ancienne.

l. 41   vv. 1491-1520.

l. 63   Pourtant Louis Racine critiquera cet aspect d'*Alexandre* sévèrement.

l. 69   Saint-Evremond se range parmi ceux-là (*Dissertation*, pp. 101-2).

ACTEURS

Taxile: chez Quinte-Curce Taxile se nommait Omphis, mais prit le surnom Taxile après qu'Alexandre lui eut rendu son royaume.

Axiane: le personnage d'Axiane n'est pas historique.

Cléophile: Racine invente le lien de parenté entre Taxile et Cléophile (voir l'Introduction p. xi). Pour l'orthographe Cleofile (à partir de 1675-6) voir les remarques de R.C. Knight, *Racine et la Grèce*, p. 264.

Hydaspe: Un des fleuves du Penjab, qui traversait le royaume de Porus (Quinte-Curce 8.13.5).

TEXTE DE LA PIECE

La pièce de Racine commence en 326 av.J.-C., au moment où Alexandre, ayant entrepris la conquête de l'Inde, et jusqu'ici victorieux partout, doit bientôt arriver chez les rois indiens Porus et Taxile. Voir Arrien 5.1-6; Diodore de Sicile 17.84-86; Justin 12.7; Plutarque 57-58; Quinte-Curce 8.9-10.

v. 1   Louis Racine trouve invraisemblable la présence de Cléophile ici: 'Que vient-elle faire dans le camp de Taxile?' <L.R. *Ex.* p. 323>

v. 6   Comparer avec Corneille, *La Mort de Pompée*, v. 64: 'Leurs trônes mis en cendre, et leurs sceptres brisés'.

v. 13   ces Princes: Quinte-Curce ne nomme aucun roi indien qui combatte au côté de Porus. Au contraire, Abisares, ancien allié de Porus, se rendit d'emblée à Alexandre (8.13.1).

v. 15   'Il me semble que ce mot, choix, n'est pas employé à propos ... Or il ne dépendoit pas de ces Princes, ou de *vivre en Rois*, ou de *mourir en Rois*, puisqu'Alexandre les mettoit dans la nécessité, ou de se rendre lâchement, ou de courir les risques d'un combat.' <D'Ol.>

v. 24   Chez Quinte-Curce Taxile ne pensa jamais à combattre Alexandre; il se rendit dès l'ambassade d'Alexandre (8.12.4-5).

v. 27   Alexandre sera souvent comparé au tonnerre et à l'orage. Corneille utilisait ces images à l'égard de César dans *La Mort de Pompée*.

vv. 41-2   '*Taches* et *lâches*. Je suis étonné qu'il se soit permis cette rime.' <L.R.: *Notes*, p. 330>

v. 43   'Pour *désirer ardemment*, est du bel usage.' <L.R.: *Notes*, p. 330>

v. 47   Ni Quinte-Curce ni Justin ne laisse supposer qu'Alexandre continue à faire sa cour à Cléophile lors du passage de l'Hydaspe. Voir l'Introduction p. xi.

vv. 50-2   Comparer avec Corneille, *La Mort de Pompée*, vv. 397-400.

v. 52   'Vaugelas a cru qu'*au travers* étoit meilleur qu'*à travers*.' <L.R.: *Notes*, p. 330>

vv. 71-6   'Les Italiens, à qui nous reprochons leurs *concetti*, ne nous épargnent pas lorsqu'ils nous peuvent reprocher le même défaut. Ces six vers sont condamnés par Muratori, dans son Traité de la parfaite Poésie, liv.2.' <L.R. *Rem.* p. 338>

v. 93   'Brûle-t-on des murs? Je n'ose pourtant accuser cette expression de négligence.' <L.R.: *Notes*, p. 330>

v. 114   La Grèce et la Perse furent les lieux des victoires d'Alexandre avant la conquête de l'Inde.

vv. 117-9   En effet, Alexandre garantira à Taxile ses états, auxquels il ajoutera ceux d'Axiane (vv. 867-870).

v. 127   'On ne voit pas non plus ce qui oblige Porus à se rendre au commencement de la pièce dans cette tente.' <L.R. *Ex.* p. 323>

vv. 133-4   '*J'ai vû ... à ma vûe*. Petite négligence de style.' <D'Ol.>

v. 140   Alexandre envoya Ephestion annoncer son arrivée aux rois indiens (Quinte-Curce 8.10.2).

vv. 149-150   Quinte-Curce raconte comment Alexandre s'empara d'une première cité indienne, massacrant ses habitants, pour faire peur à cette nation (8.10.5-6).

v. 157   'On n'est jamais mieux loué que quand on l'est par son ennemi; et tout ce que dans cette pièce Porus dit d'Alexandre, rend Alexandre admirable.' <L.R. *Rem.* p. 339>

v. 161	Alexandre s'était fait appeler le fils de Jupiter (voir aussi le vers 582): Quinte-Curce 4.7.25.
vv. 168-180	Darius, dernier roi des Perses, fut vaincu par Alexandre: Quinte-Curce, livres III-V.
vv. 169-70	'L'attention du poète à rimer aux yeux autant qu'il est possible, étoit cause qu'il faisoit imprimer *connaître*, *paraître*, quand ces mots rimoient avec *maître*.' <L.R.: *Notes*, p. 330>
vv. 174-5	'Quel beau vers, aussi bien que celui qui va suivre.' <L.R. *Rem.* p. 339>
vv. 189-200	Comparer avec Corneille, *La Mort de Pompée*, vv. 701-20.
v. 192	Alexandre nourrit l'espoir d'arriver jusqu'au bout du monde (Quinte-Curce 9.1.3).
v. 193	'La versification de cette pièce annonça un grand poète.' <L.R. *Rem.* p. 339>
v. 198	Chez Quinte-Curce Taxile fit une soumission complète à Alexandre (8.12.7-11).
v. 201	Dans toutes les éditions autorisées de 1666 que nous avons consultées le *nous* manque; ce *nous* est présent dans les éditions piratées de la même année.
v. 207	Comparer avec Corneille, *Cinna*, v.116: 'Combien à cet écueil se sont déjà brisés'. 'On dit *briser à* et *briser contre*.' <L.R.: *Notes*, p. 331>
v. 216	Référence à Abalonyme, qui fut nommé roi de Sidon. Bien que de sang royal, celui-ci gagnait sa vie comme maraîcher (Quinte-Curce 4.1.19-26).
v. 241	'*J'avouerai*. Se prononce comme *j'avourai*.' <L.R.: *Notes*, p. 331>
v. 242	'On ne peut critiquer cette construction en vers, et on la condamnerait dans la prose, où il faudroit dire, *aime* la guerre *autant que vous aimez la paix*.' <L.R.: *Notes*, p. 331>
v. 243	Voir le vers 207.
v. 244	Une fois vaincu, chez Quinte-Curce Porus admit avoir voulu se dresser contre Alexandre (8.14.42). Voir aussi Justin 12.8.2-3.
v. 252	'On n'ignore pas qu'on doit dire les *Perses*, quand on parle des anciens habitants de ce pays, et les *Persans*, lorsqu'on parle des nouveaux; mais dans ces tragédies on verra toujours le poète se servir du mot *Persans* comme plus harmonieux.' <L.R.: *Notes*, p. 331>
v. 264	'Expression hardie.' <L.R.: *Notes*, p. 331>
v. 271	Quinte-Curce rapporte que les rois indiens faisaient brûler de l'encens lors de leurs voyages (8.9.23).
v. 280	'On dit, *Exécuter un dessein*, et non, *Achever un dessein*.' <D'Ol.> 'Je crois, avec l'abbé Desfontaines, qu'*achever* est plus énergique et très-français.' <L.R.: *Notes*, p. 331>

v. 297   '*Sais-je pas que* ... Au lieu de, *Ne sais-je pas*... Vaugelas dit que ces deux maniéres de parler sont bonnes. Mais l'Académie, dans ses Observations sur Vaugelas, traite de négligence, et même de faute, la suppression de l'une des négatives.' <D'Ol.>

vv. 297-8   Analyse perspicace du caractère de Taxile, qui laisse prévoir ses revirements au IVe acte.

v. 301   Chez Quinte-Curce Alexandre assiéga la ville où Cléophile régnait, et elle fut sa prisonnière (8.10.22-36).

v. 304   Pour les amours de Cléophile et d'Alexandre, voir surtout Justin 12.7.9-11.

v. 315   'On verra souvent dans cette poésie, *le coeur, les yeux, les bras*, pour la personne.' <L.R.: *Notes*, p. 332>

v. 320   Alexandre ne manquera pas de proposer à Axiane la main de Taxile lorsqu'il croira Porus mort (vv. 1177-82).

vv. 351-2   '*Près* et *après* riment.' <L.R.: *Notes*, p. 332>

v. 352   Chez Quinte-Curce Porus fit savoir qu'il attendait l'arrivée d'Alexandre - armé ('ut intranti regnum suum praesto esset, sed armatus', 8.13.2).

v. 353   Dans l'édition de 1687 ce vers commence 'Quoy, tandis que'. Puisque la ponctuation de la phrase reste inchangée, nous considérons cette leçon comme une faute d'impression, et non pas comme une variante.

v. 356   Cet aspect de l'ambassade d'Ephestion est pure fiction.

v. 362   Cléophile rappellera à Alexandre qu'elle dépend de Taxile (v. 957).

v. 369   Citant les vers 50 et 357, Louis Racine trouve que Cléophile 'ne doit donc pas douter qu'Alexandre ne se souvienne encore d'elle. <L.R. *Rem.* p. 339>

v. 370   Selon certains rapports anciens, Alexandre aurait été touché de la beauté de Cléophile (Quinte-Curce 8.10.35).

vv. 373-4   Thème que Cléophile reprendra en parlant à Alexandre lui-même: vv. 901-10, 941-52, 1337-44.

v. 377   Voir le vers 301.

v. 406   Selon Quinte-Curce la reine Cléophis habitait Mazages (8.10.22); Omphis était le nom primitif de Taxile (8.12.4). Est-ce une erreur de la part de Racine, ou bien une manière de faire croire à la parenté de Taxile et de Cléophile?

v. 413   Les éditions de 1666 et 1672 offrent la leçon 'Jugez si mon retour', que nous jugeons comme une faute d'impression.

v. 417   'Je suis étonné que M. l'abbé d'Olivet n'ait pas remarqué qu'il faut dire *vaincu par*.' <L.R.: *Notes*, p. 332>

vv. 421-4   Crainte qui sera réalisée en quelque manière par le dénouement de la pièce.

v. 429   '*Inquiet* adjectif, et *Inquiété* participe passif, ne présentent pas le même sens. Il falloit ... *Mon ame inquiéte*'. <D'Ol.> 'Quoi qu'en dise M. l'abbé d'Olivet, cet *inquiétée* ne fait aucune peine.' <L.R.: *Notes*, p. 332>

vv. 431-2   'Tour hardi.' <L.R.: *Notes*, p. 333>

v. 442   'Il pouvoit mettre, *et du Perse et du Scythe*.' <L.R.: *Notes*, p. 333>

v. 453   'Cette scène, pour la grandeur des choses et la beauté des vers, est comparable aux scènes les plus vantées. Taxile lui-même y parle en héros.' <L.R. *Rem.* p. 339>

v. 458   Alexandre dut traverser l'Euphrate avant de vaincre Darius à Arbèle (Quinte-Curce 4.9.12).

v. 460   'Il est étonnant que le poète n'ait point, dans cette tragédie, fait une description de la manière dont Alexandre passa ce fleuve. Il n'est parlé que du combat, et il n'est rien dit de ce fameux passage.' <L.R. *Rem.* pp. 339-40>

vv. 461-2   'Premiérement, *des campagnes jonchées de sang*, est-ce une métaphore qu'on puisse recevoir?... En second lieu, quand le nominatif et le verbe se trouvent séparez par un rélatif, comme ici, Vous les verriez, ce même verbe ne sauroit avoir encore un autre régime, amené par la conjonction *et*.' <D'Ol.>

vv. 465-6   Alexandre nia être venu en Asie pour faire couler le sang de ses peuples ('Veni enim in Asiam, non ut funditus everterem gentes nec ut dimidiam partem terrarum solitudinem facerem', Quinte-Curce 8.8.10).

v. 481   Voir le vers 24.

v. 486   'Vers très-heureux, à cause de Bacchus.' <L.R. *Rem.* p. 340>

v. 487   Il s'agit de Bacchus et d'Hercule (Quinte-Curce 8.10.1).

v. 492   Voir le vers 271.

vv. 493-500   Argument qui relève de celui que les Scythes adressèrent à Alexandre (Quinte-Curce 7.8.26-30). Voir l'Introduction p. xii.

vv. 497-501   '*Ils ont ... Ils pleurent*. Ce qui répond à *ce peuple captif*, nom collectif.' <L.R.: *Notes*, p. 333>

v. 501   Quinte-Curce raconte la révolte des Bactriens (7.7.6).

v. 503   Alexandre avait conquis les Scythes deux ans auparavant (Quinte-Curce 7.9).

v. 512	'Sentiment bien glorieux pour Taxile et pour Alexandre.' <L.R. *Rem.* p. 340>
v. 513	Voir le vers 352.
vv. 521-8	Argument qui relève de celui que les Scythes adressèrent à Alexandre (Quinte-Curce 7.8.16-18). Voir l'Introduction p. xii.
v. 522	'Suivant le Dictionnaire de l'Académie, *octroyer* n'est guère en usage qu'en style de chancellerie et de finance. Il falloit ajouter, et en vers.' <L.R.: *Notes*, p. 333>
v. 526	L'Inde: la rivière.
vv. 533-4	Quinte-Curce parle de la solitude des Scythes (7.8.23.).
v. 537	'Boileau vantait beaucoup ce tableau d'Alexandre.' <L.R. *Rem.* p. 340>
v. 541	'Faute d'impression; il faut *tout*, suivant la décision de Vaugelas.' <L.R.: *Notes*, p. 333>
v. 544	'Autrefois *Dessous, dessus, dedans*, étoient prépositions, aussi-bien qu'adverbes. Vaugelas les souffre encore dans le vers, comme prépositions. Mais il me semble qu'aujourd'hui la Poesie se pique d'être à cet égard aussi exacte que la prose.' <D'Ol.>
v. 548	'Expression hardie et belle.' <L.R.: *Notes*, p. 334>
vv. 555-6	'*Mais un roi l'attendoit ... Par qui*. Construction qui ne seroit pas exacte en prose, et qu'on ne peut ici condamner.' <L.R.: *Notes*, p. 334>
v. 567	Voir le vers 114. 'Porus, dans tous ces beaux vers, ne dit rien que de conforme à ce que pensoit Alexandre lui-même, qui trouva dans les Indes des périls dignes de lui.' <L.R. *Rem.* p. 340>
v. 570	Il s'agit du roi Darius.
v. 582	Voir le vers 161.
v. 586	Il s'agit du rocher d'Aorne: Alexandre ne gagna cette forteresse indienne qu'au prix de la vie de beaucoup parmi ses jeunes soldats (Quinte-Curce 8.11.2-25).
v. 590	Quinte-Curce insiste sur la richesse de l'Inde (8.9.19-26) - mais à son avis les Indiens furent corrompus par elle.
vv. 595-7	'Qui ne croirait que ces deux participes ou gérondifs, *arrachant, ébranlant*, se rapportent au même substantif? ... On voit que le premier de ces participes se rapporte à *gloire*, et le second à *Alexandre*.' <D'Ol.> 'Quand il y auroit une faute dans cette construction, je ne la crois pas si considérable qu'elle le paroît à M. l'abbé d'Olivet.' <L.R.: *Notes*, p. 334>
v. 596	C'est-à-dire le royaume perse.

v. 658   'Ces paroles doucereuses dans la bouche d'un prince qui vient de dire des choses si grandes, doivent étonner ... Nos romans avoient mis ce style à la mode parmi les héros.' <L.R. *Rem.* p. 340>

v. 668   Cependant au début du IIIe acte Axiane est enfermée dans le camp de Taxile (vv. 685-8). '*Après*, pour *ensuite*, fait quelque peine en vers.' <L.R. *Notes*, p. 334>

vv. 685-8   'Pourquoi donc cette Axiane, pendant le combat où son armée se trouve, est-elle retenue comme prisonnière dans le camp de Taxile? A-t-il le droit et le pouvoir de l'arrêter?' <L.R. *Ex.* p. 323>

v. 686   'Elle eût dit *conduire*, si elle eût été guerrière. Elle n'étoit donc point dans le camp pour conduire elle-même les troupes.' <L.R. *Rem.* p. 340>

v. 690   Voir le vers 1238.

vv. 697-9   Le récit de la bataille chez Quinte-Curce est spectaculaire (8.14) - voir l'Introduction p. xii-xiii.

vv. 705-6   'N'y auroit-il pas ici une faute de l'imprimeur? Et n'étoit-il pas plus naturel de dire: "Quoi, lorsque mes sujets combattant pour leur reine/ Sur les pas de Porus, meurent dans une plaine..."' <L.R.: *Notes*, pp. 334-5>

vv. 721-2   Axiane semble prévoir le dernier conflit entre les deux rivaux (vv. 1504-20).

v. 759   'On diroit en prose, *cet air satisfait*; *ce front* est plus poétique.' <L.R.: *Notes*, p. 335>

v. 773   '*Vaillance*: mot qui est beau en vers.' <L.R.: *Notes*, p. 335>

v. 776   Quinte-Curce parle des troupes dispersées de Porus ('Porus tamen ... colligere dispersos, obvius hosti ire pergit', 8.14.22).

vv. 777-8   Chez Quinte-Curce Porus commençait à fuir, mais les troupes d'Alexandre l'entouraient (8.14.37-40).

vv. 795-6   Dans la dernière scène de la pièce Axiane pourra déclarer son amour à Porus, aux yeux de Cléophile (vv. 1543-46).

v. 813   Bien que la femme et la mère de Darius aient été ses prisonnières, Alexandre leur montrait un parfait respect (Quinte-Curce 3.12.22-23; 5.2.18-22).

v. 817   Référence à Statira, femme de Darius.

v. 830   Bessus, satrape de Darius en Bactriane, complota la mort de son roi; Alexandre le rendit au frère de Darius pour qu'il fût supplicié et exécuté (Quinte-Curce 7.5.40-43).

v. 833   '*Apre*, au sens figuré, est beau en vers.' <L.R.: *Notes*, p. 335>

vv. 839-42   Description qui rappelle la surprise des Scythes en voyant la taille moyenne d'Alexandre (Quinte-Curce 7.8.9).

| v. 843 | 'On reconnoît dans ces vers la même physionomie qu'on admire dans ce beau buste d'Alexandre que le Roi possède.' <L.R. *Rem.* p. 341> |

v. 843 'On reconnoît dans ces vers la même physionomie qu'on admire dans ce beau buste d'Alexandre que le Roi possède.' <L.R. *Rem.* p. 341>

v. 845 '"*Certes*, quoique vieux, est beau en vers.' <L.R., *Notes*, p. 335>

v. 852 'Alexandre n'étoit pas capable d'avoir tant de bonté pour un traître.' <L.R. *Rem.* p. 341>

v. 863 'Si le lieu de la scène est la tente de Taxile ... qu'y vient faire Alexandre, quand il quitte le combat?' <L.R. *Ex.* p. 323>

v. 869 Alexandre permit à Taxile de reprendre le diadème royal (Quinte-Curce 8.12.14).

v. 873 'Quand <Alexandre> renvoie si promptement le frère pour rester seul avec la soeur, lorsqu'il dit des choses si galantes à cette soeur qu'il vient chercher, tandis que les armées combattent encore ... on a raison de ne pas reconnoître Alexandre.' <L.R. *Rem.* pp. 341-2>

v. 875 'Tout ce qu'Alexandre dit de galant dans cette scène, eut sans doute alors beaucoup d'admirateurs; mais leurs applaudissements n'empêchèrent pas le jeune poète de prendre dans la pièce suivante une route toute différente, pour réussir dans son art.' <L.R. *Rem.* p. 342>

v. 900 '*Inspirer dans*, ne me paroît pas François. On dit, *Inspirer à.*' <D'Ol.>

v. 903 Voir les vers 373-4.

vv. 911-40 Comparer avec le langage galant de César dans *La Mort de Pompée*, vv. 1241-82.

v. 931 '*Tenez pris*: expression qui ne paroît pas noble.' <L.R.: *Notes*, p. 336>

vv. 945-6 Voir Justin 12.7.4: 'Post haec Indiam petit, ut Oceano ultimoque Oriente finiret imperium'. 'On peut mettre ces vers au nombre des plus beaux que l'auteur ait faits.' <L.R. *Rem.* p. 342>

v. 948 Voir Ier *Livre des Macchabées* I.3.

v. 966 Chez Quinte-Curce Alexandre admira Porus et son armée ('"Tandem" inquit "par animo meo periculum video cum bestiis simul et cum egregiis viris res est"', 8.14.14).

vv. 969-70 'Une fierté qui va finir une querelle.' <L.R.: *Notes*, p. 336>

v. 972 'Mot admirable dans la bouche d'Alexandre, quand il ne tue que des hommes ordinaires.' <L.R.: *Notes*, p. 336>

v. 975 La possibilité de la mort de Porus n'est confirmée par aucune source ancienne, sauf Diodore de Sicile (17.88.7). Voir l'Introduction p. xiii.

v. 979 Mesnard cite une variante de 1672: 'Leur bras à quelque effort semble se préparer'. Nous n'avons pu la relever dans aucun exemplaire de cette édition.

v. 980   Chez Quinte-Curce, Alexandre refusa, au contraire, d'épargner ceux qui
              s'obstinaient à combattre ('vetabat resistentibus parci', 8.14.38).

v. 981   'Si <Alexandre> vient chercher sa maîtresse <dans la tente de Taxile>, où va-t-il
              quand il en sort?' <L.R. *Ex.* p. 323>

v. 985   'Axiane se trouve seule au lieu de la scène, qui est la tente de Taxile. Où est allé
              Alexandre, qui va y revenir? Et où est allée Cléophile?' <L.R. *Rem.* p. 342>

v. 988   '*Avecque* de trois syllabes, n'est plus que dans ce seul endroit de Racine' <D'Ol. à
              propos de l'édition de 1697>.

v. 996   Axiane confirme la possibilité que Porus soit mort - voir le vers 975.

v. 997   Tout ce monologue rappellera la discussion entre Axiane et Porus à la fin du IIe
              Acte (vv.649-84). Voir l'Introduction, p. xxxv.

v. 1003   '<Axiane> ne doit pas se repentir d'avoir si bien caché son secret: elle a parlé
              assez clairement ... à Porus, à la fin du second acte.' <L.R. *Rem.* p. 342>

v. 1021   'Image poétique et belle, quoique l'âme ne descende point au tombeau.' <L.R.:
              Notes, p. 336>

v. 1032   Dans la dernière scène Axiane annoncera à Porus sa décision de se tuer (v. 1546).

v. 1059   'Premiérement je doute, si *l' effroi de son bras* peut signifier *l' effroi que cause son
              bras ... Voyant* se rapporte, non pas à l'Inde, qui est le nominatif suivant, mais à la
              personne qui parle.' <D'Ol.> '*L' effroi d' un bras*, pour *l' effroi qu' il cause*, ne fait
              aucune peine en vers ... Ce *voyant* se rapporte si naturellement à la personne,
              qu'on ne peut le reprendre.' <L.R.: Notes, p. 336>

v. 1060   Voir le vers 966.

v. 1063   'Cependant prêt à joindre ce rival si noble, <Alexandre> l'a perdu de vue, et est
              venu parler d'amour.' <L.R. *Rem.* p. 343>

vv. 1069-72   Chez Quinte-Curce Porus reconnut des sentiments pareils ('Sed ne sic quidem
              parum felix sum, secundus tibi', 8.14.42).

v. 1083   'Muratori, que j'ai cité plus haut <v.71>, condamne encore cet endroit.' <L.R.
              Rem. p. 343>

v. 1090   Phrase célèbre d'Alexandre, chez Plutarque (31.12), lorsqu'il refusa d'attaquer
              Darius la nuit.

v. 1096   'Vers très-beau, mais qui ne le justifie pas contre le reproche qu'on lui fait. La
              trahison de Taxile diminue beaucoup l'éclat de sa victoire.' <L.R. *Rem.* p. 343>

v. 1106   'C'est-à-dire, tant d'hommes dont les corps couvrent aujourd'hui les rives de
              l'Hydaspe. Cette manière de parler qui seroit condamnée en prose, est belle en
              poésie, à cause de la vivacité.' <L.R.: *Notes*, pp. 336-7>

v. 1107   '*Qu'ai-je fait*, dit Axiane, *pour que vous veniez*, vous Alexandre, *accabler*, etc. ...
           Il s'agit seulement de faire sentir l'équivoque, qui est dans la phrase de Racine, où
           l'on croit que ces mots, *pour venir*, regardent la personne qui dit, *Qu'ai-je fait.*'
           <D'Ol.>

v. 1123   Alexandre avait la réputation d'un naturel très coléreux, qui l'avait même amené à
           tuer un ami lors d'une querelle (Quinte-Curce 8.1.20-52).

v. 1139   Voir les vers 114 et 503.

v. 1152   'Le poète sait faire Alexandre grand, par tout ce qu'en disent ses ennemis.' <L.R.
           Rem. p. 343>

v. 1165   'Il veut qu'elle essuie promptement ses larmes, puisque si Porus est mort, il ne
           l'est que depuis un moment.' <L.R. *Rem.* p. 343>

vv. 1173-4 'Alexandre avoue que Taxile n'a point combattu ... Il y a apparence que Porus,
           sans attendre Taxile, a livré le combat; cependant Taxile s'y est trouvé, puisqu'il a
           vu les bataillons de Porus *rompus et renversez*, et qu'il a vu Alexandre, qu'il
           semble avoir été feliciter de sa victoire.' <L.R. *Rem.* p. 341>

v. 1186   Comparer avec Corneille, *Cinna*, v. 863: 'L'entretien des amants veut un entier
           secret'.

v. 1187   'Quand Alexandre... quittera Axiane, où ira-t-il?' <L.R. *Rem.* p. 342>

vv. 1187-95 Comparer avec Corneille, *Sertorius*, vv. 679-84.

v. 1238   Voir le vers 690.

v. 1240   Alexandre vient de confier les états d'Axiane à Taxile (voir les vers 867-9).

v. 1245   'Il fera toujours *dépouiller* actif.' <L.R.: *Notes*, p. 337>

v. 1278   '*L'ardeur qui vous travaille* a quelque chose qui fait de la peine.' <L.R. *Notes*,
           p. 337>

v. 1280   Cette nouvelle péripétie est de l'invention de Racine.

vv. 1299-1300 Chez Quinte-Curce le frère de Taxile fut renvoyé à la bataille (8.14.35), mais
           Arrien y fait paraître Taxile lui-même (5.18.6-7). Voir l'Introduction p. xiii-xiv.

v. 1301   La défaite de Porus est annoncée de la façon la plus sommaire. Pour le récit de
           cette dernière bataille voir les vers 1491-1520. 'On ne voit pas quelle raison
           ramène au lieu de la scène Alexandre et Cléophile.' <L.R. *Rem.* p. 343>

v. 1304   La révision de ce vers n'apparaît pas dans tous les exemplaires de l'édition de
           1676. Voir l'Introduction, p. xli.

vv. 1336-44   Il est important que Cléophile insiste ici sur sa crainte qu'Alexandre ne l'abandonne et sur l'appui de son frère. Sans cela nous comprendrions difficilement combien la mort de Taxile l'affligera (vv. 1521-8).

v. 1353   Les Malliens étaient un peuple parmi les plus belliqueux de l'Inde qu'Alexandre dût rencontrer (Quinte-Curce 9.4.16).

v. 1354   Dans le 9e Livre de Quinte-Curse Alexandre rappelait à ses soldats qu'ils étaient tout près de l'Océan ('Iam prospicere se Oceanum', 9.4.21).

vv. 1357-73   Les arguments de Cléophile sont pris dans le discours que Coenus adressait à Alexandre dans le 9e Livre de Quinte-Curce (9.3.5-10). Voir l'Introduction p. xii.

v. 1360   Voir Quinte-Curce 9.3.8: 'In alium orbem paras ire et Indiam quaeris Indis quoque ignotam'. 'Description pompeuse, sans faux brillans.' <L.R. *Rem.* p. 343>

v. 1361   Plutarque dit qu'Alexandre perdit plus de soldats en raison des rigueurs du climat indien qu'il n'en perdit dans ses batailles (58.1).

v. 1363   Voir Quinte-Curce 9.3.8: 'ut plura quam sol videt victoria lustres'.

v. 1366   Comparer avec Corneille, *Cinna*, v. 1762: 'N'attaquera le cours d'une si belle vie'.

v. 1367   Alexandre devait mourir à Babylone (Arrien 7.23-26).

v. 1371   La variante de 1672 rappelle les mots de Coenus chez Quinte-Curce: 'Intuere corpora exsanguia' (9.3.10).

v. 1372   La 'variante' de ce vers ('Qui d'eux-mesmes en cent lieux') que reproduisent certaines éditions modernes des *Oeuvres* de Racine ne figure que dans une édition pirate de 1666. Louis Racine juge la variante de 1672-97 une 'hardie et belle expression'. <*Notes*, p. 337>

vv. 1377-8   C'est ce qui arrivait chez Quinte-Curce lorsqu'Alexandre avait proposé de combattre les Malliens (9.4.22-23).

vv. 1393-4   'Le courage ne tombe pas. C'est peut-être une faute d'imprimeur.' <L.R.: *Notes*, p. 338>

v. 1401   Voir Quinte-Curce 8.14.45: 'Aegrum curavit haud secus quam si pro ipso pugnasset'.

v. 1490   Taxile ne trouva la mort ainsi dans aucune source ancienne. Voir l'Introduction p. xiv. 'La catastrophe n'est funeste que pour Taxile, qui n'est qu'un second personnage.' <L.R. *Ex.* p. 322>

vv. 1493-4   Voir Arrien 5.18.4-5.

vv. 1507-8   Voir Arrien 5.18.7.

vv. 1510-11   Chez Quinte-Curce Porus parlait ainsi au frère de Taxile ('"Agnosco" inquit "Taxilis fratrem, imperii regnique sui proditoris"', 8.14.36).

v. 1519   Chez Quinte-Curce, Porus tua le frère de Taxile (8.14.36); chez Arrien, Taxile réussit à s'esquiver (5.18.7). 'Ce traître mérite sa punition. Le spectateur est content de l'apprendre, et de voir Porus rétabli sur son trône.' <L.R. *Rem.* p. 344>

v. 1568   La réponse de Porus vient directement d'Arrien (5.19.2) et de Plutarque (60.14). Comparer aussi avec Corneille: '"Et que dois-je être?" "Roi"'(*Nicomède*, v. 1318); 'Ordonne de mes jours comme de ceux d'un roi' (*Pertharite*, v. 1782).

v. 1572   La générosité d'Alexandre est attestée par toutes les sources anciennes. Voir l'Introduction p. xiv.

v. 1600   Chez Quinte-Curce Porus reconnnut qu'Alexandre avait été plus fort que lui: 'fortiorem esse te belli docuit eventus', 8.14.42).

vv. 1607-12   Comparer avec Corneille, *La Mort de Pompée*, vv. 1785-96.

v. 1613   'Comme Alexandre est amoureux de la soeur de Taxile, il faut lui pardonner cet éloge d'un traître, ou plutôt il faut pardonner au jeune poète une faute où tant d'exemples l'entraînoient. Les héros galans étoient du goût de son siècle.' <L.R. *Rem.* p. 344>

v. 1615   Le tombeau de Taxile est évidemment une invention de Racine. Comparer avec Corneille, Sertorius, vv. 1917-20.

APPENDICE: SECONDE PREFACE

l. 3   'les faits ... les Indes': voir Quinte-Curce 8.10.1-11.

l. 4   'les ambassades ... Pays-là': voir Quinte-Curce 8.12.4-6; 8.13.2.

ll. 5-6   'l'alliance ... avec luy': voir Quinte-Curce 8.12.10-16.

ll. 6-7   'la fierté ... presentoit': voir Quinte-Curce 8.13.2.

l. 7   'l'inimitié ... Taxile': voir Quinte-Curce 8.12.12-13.

ll. 7-8   'et enfin ... Porus': voir Quinte-Curce 8.14.39.

ll. 8-9   'la réponse ... traittast': voir Quinte-Curce 8.14.43.

ll. 9-11   'et la generosité ... d'autres': voir Quinte-Curce 8.14.44-45.

l. 15   Voir Quinte-Curce 8.14.14.

l. 16   Voir Plutarque 60.6.

ll. 19-20 Voir Saint-Evremond, *Dissertation*, pp. 86-87.

l. 23   vv. 1077-88; 1121-22; 1425-28; 1461-64; 1483-88.

ll. 25-8 Sénèque, *Consolatio ad Helvetiam*, 13.

l. 30   Voir l'Introduction p. x-xi.

ll. 34-6 Justin 12.7.9-10. Racine omet la phrase 'concubitu redemptum <regnum>'.

GLOSSAIRE

Ce glossaire comporte les mots figurant dans la première édition d'Alexandre qui ne sont plus couramment employés dans le sens que Racine leur prête. Nous proposons les définitions pertinentes qui se trouvent dans deux dictionnaires contemporains:

Le Dictionnaire de l'Académie Françoise, Paris, chez la veuve de Jean Baptiste Coignard, 1694 (Taylor Institution, Oxford: Taylor Dict.C.1694A). <A>.
P. Richelet, *Dictionnaire françois (1680)*, France Tosho Reprints, Tokyo, 1969. <R>.

Nous reproduisons les mots du glossaire selon l'orthographe de Racine, bien que dans les dictionnaires ci-dessus ils paraissent parfois sous une autre orthographe.
Pour les mots où l'orthographe choisie par Racine pourrait dérouter le lecteur moderne en raison d'homonymes, nous indiquons l'orthographe moderne.

accorder (842): 'Se dit en parlant de doctrine, d'opinions, de Loix, et signifie concilier, oster l'apparence de contrarieté, de contradiction'. <A>

appas (332, 651, 884): 'Charmes puissans, grans attraits, beauté, agrément, plaisir'. <R>

arrest (79): 'Jugement souverain, contre lequel il n'y a nul appel'. <R>

assiette (710): 'Etat et situation'. <R>

assurance (130, 733): 'Hardiesse, fermeté'. <R>

atteinte (378, 1126): 'Se dit figurement pour marquer les premieres impressions, les premiers ressentimens de certaines maladies'. <A>

attendre apres (362): 'Attendre après une personne, après une chose, Se dit pour marquer le désir et le besoin qu'on en a'. <A>

balance, en (1157): 'Ne sçavoir de deux, ou de plusieurs partis lequel on doit prendre'. <A>

balancer (15, 296, 723, 1479): 'Peser, signifie figurement, considerer meurement dans son esprit une chose'. <A> 'Examiner, considérer, chanceler, hésiter, ne savoir se résoudre'. <R>

blesser (314): 'Fraper rudement'. <R>

briguer (518, 960, 1378): 'Poursuivre par brigue'. (*Brigue*: 'poursuite ardente qu'on fait par le moyen de plusieurs personnes qu'on engage dans ses interests'). <A>

confondre (621): 'Donner de la honte à quelqu'un, convaincre fortement'. <R>

conte (608) = compte

conter (202, 382, 616, 642, 1312, 1376) = compter

contrée (393): 'Il se prend quelquefois pour pays'. <A>

courage (137, 217, 226, 253, 423, 474, 549, 557, 782, 898, 1230, 1279, 1393, 1411): 'Disposition de l'ame avec laquelle elle se porte à entreprendre ou à repousser, ou à souffrir quelque chose'. <A> 'Valeur, bravoure, coeur, fermeté dans le péril, résolution pleine de coeur'. <R>

courroucer (1223): 'Mettre en courroux, irriter'. <A>

cours (48, 196, 386, 403, 1366): 'Progrés', 'flux, mouvement de quelque chose liquide'. <A> 'Ce mot se dit de la vie, des maladies, de la bonne ou mauvaise fortune, et signifie durée'. <R>

course (1462): 'Acte d'hostilité que l'on fait en courant les mers, ou en entrant dans le pays ennemi'. <A>

decouvrir (262): 'Révéler, divulger'. <R>

dédain (211, 1239): 'Sorte de mépris'. <R>

déreglé (866): 'Qui n'est pas réglé ... démesuré'. <R>

desesperer (980, 1255, 1432): 'Fâcher beaucoup, faire enrager'. <R>

desoler (532, 1167): 'Ravager, ruiner, destruire. Il signifie aussi affliger'. <A>

different (1300) = différend

éclat (111, 491, 611, 661, 699, 839, 895, 901, 937, 1042, 1136, 1591): 'Splendeur, brillant, lustre. Bruit, fracas'. <R>

éclatant (258, 771, 1359): 'Brillant, illustre par son éclat et par sa splendeur'. <R>

éclater (134, 294, 754, 852, 1047, 1614): 'briller, reluire, donner de la splendeur' (*faire eclater*: 'Faire paroitre, decouvrir avec éclat'). <R>

ennuy (1036, 1211, 1612): 'Fascherie, chagrin, desplaisir, souci'. <A>

faix (376, 1522): 'Fardeau, chose pesante que l'on porte'. <A>

feu (357, 396, 650, 874, 952, 1017, 1275): 'Il se dit fig. De l'ardeur, et de la violence des passions et des mouvements impetueux de l'ame. *Feu* se dit poet. pour sign. La passion de l'amour'. <A>

flâme (50, 329, 402, 1193): 'Sign. fig. et poet. La passion de l'amour'. <A>

fort (1211): 'Le temps où une chose est dans son plus haut point, dans un plus haut degré'. <A>

front (268, 523): 'Trop grande hardiesse. Impudence'. <A>

genereux (33, 134, 716, 1291, 1331, 1426): 'Magnanime, de nature noble. Quelquefois Genereux, signifie particulierement, Vaillant, hardi dans les combats'. <A>

gros (971): 'La plus grande partie de quelque multitude'. <R>

irriter (470, 773, 1435, 1515): 'Mettre en colère. Provoquer, exciter.' <A>

magnanime (122, 794, 965, 1038, 1117): 'Qui a de la magnanimité, qui a l'ame grande, qui ne forme que de grands desseins'. <R>

mouvement (743): 'Il se dit des differentes impulsions, passions, ou affections de l'ame'. <A>

noeuds (931, 1120): 'Signifie fig. Attachement, liaison entre des personnes'. <A>

objet (99, 232, 594, 712, 916): 'Il se prend pour tout ce qui est consideré comme la cause, le sujet, le motif d'un sentiment, d'une passion, d'une action. Il signifie aussi, Le but, la fin qu'on se propose'. <A>

onde (945): 'Il se prend en Poesie, pour l'Eau en general: et il se dit principalement de la mer'. <A>

oüir (231): 'Entendre'. <A>

panchant (559): 'Il signifie figur. Qui est dans le declin, qui est sur son declin'. <A>

prévenir (8, 224, 457, 1098, 1319, 1489): 'Aller au devant d'une chose et en détourner ce qu'il en pourroit arriver de fâcheux'. <R>

que (46, 306): 'Ce mot est une maniere de *particule*, et il se met au lieu de *pourquoi* quand on interroge'. <R>

quitter (269, 445, 478, 1253): 'Lascher, laisser aller. Se desister de quelque chose, cesser de s'y adonner, de s'y appliquer'. <A>

signaler (1051): 'Rendre remarquable'. <A>

soin (14, 36, 47, 104, 154, 217, 236, 307, 309, 314, 322, 346, 399, 425, 587, 693, 720, 722, 741, 749, 812, 872, 976, 1002, 1074, 1091, 1142, 1147, 1164, 1265, 1331, 1401, 1403, 1483, 1489): 'Sollicitude, peine d'esprit, soucy. On dit, *Rendre des soins à quelqu'un*, pour dire, le voir avec assiduité, et luy faire sa cour.' <A>

soûpir (51, 54, 277, 361, 659, 672, 681, 912, 1008, 1010, 1019, 1183, 1233, 1244, 1342, 1379, 1550, 1579): 'Respiration plus forte et plus longue qu'à l'ordinaire, causée souvent par quelque passion, comme l'amour, la tristesse, etc.'. <A>

soûpirer (372, 882, 909, 914): 'Signifie quelquefois, Desirer, rechercher avec passion. En ce sens il est ordinairement suivi de la préposition Aprés'. <A> 'Plaindre, pousser des soupirs amoureux. Desirer avec ardeur'. <R>

superbe (319, 1615): 'Orgueilleux, arrogant, qui s'estime trop, qui presume trop de luy. Signifie aussi, Somptueux, magnifique'. <A>

travailler (741, 1278, 1489): 'Tourmenter, causer de la peine'. <A>

traverser (1380): 'Empescher de faire quelque chose, en suscitant des obstacles'. <A>

trépas (171, 431, 827, 975, 1040, 1215, 1283, 1424): 'Mot qui signifie *la mort* et qui ne se dit qu'en Poesie'.<R>

triompher (336, 441, 670, 751, 1083, 1528, 1583): 'Faire vanité de quelque défaut, de quelque chose de honteux'. <A> 'Avoir la victoire sur quelque chose. L'emporter sur quelque chose. Se rendre le maître d'une chose'. <R>

vertu (35, 160, 482, 767, 895, 1042, 1046, 1071, 1080, 1127, 1136, 1140, 1428, 1586, 1600, 1602, 1608): 'Efficacité, force, vigueur, proprieté. Une habitude de l'ame, qui la porte à faire le bien, et à fuir le mal'. <A>

TABLE DES MATIERES

Alexandre le Grand

TEXTES LITTERAIRES

Titres déjà parus